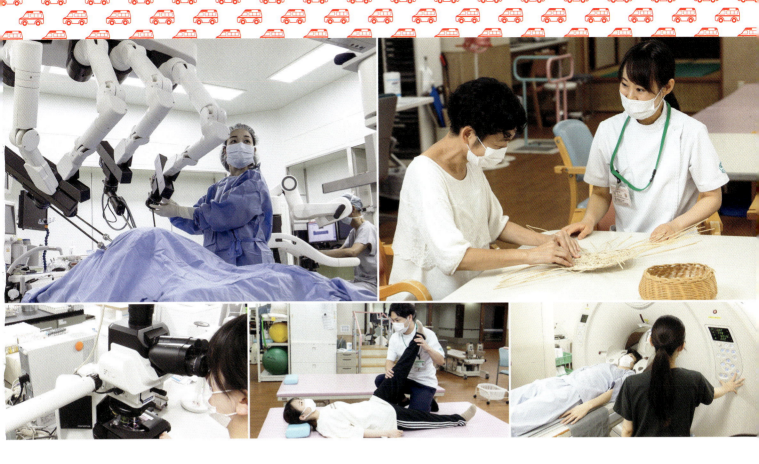

病院図鑑

監修
梅澤 真一

金の星社

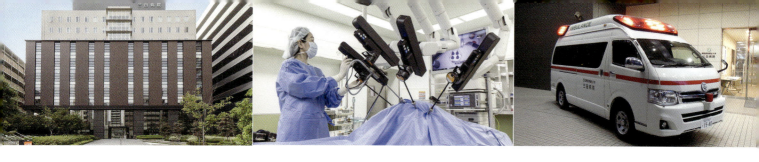

はじめに	4
みんなの命を守る病院	5

1章　病院の中をみてみよう

●病院ってどんなところ？	14
●いろいろな病院	16
●どこにかかったらいいの？	18
●受け付けをしよう	20
●診察室に入る	22
●診察室のパソコンに表示されているのは？	24
●検査を受ける①	26
●検査を受ける②	28
●診断を受けて会計する	30
●薬をもらう	32
●病院はこんなところにささえられている	34

2章　病院をもっと知ろう！

●入院病棟ってどんなところ？	36
●入院中の生活	38
●病院の食事	40

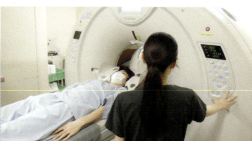

- 患者さんのために最善をつくす……………………………………………42
- 手術はどのようにおこなわれるの？……………………………………44
- 最新の手術・治療……………………………………………………………46
- 手術が終わったら……………………………………………………………48
- 医師の一日をみてみよう……………………………………………………50
- 看護師の一日をみてみよう…………………………………………………52
- 病院で働く人にインタビュー………………………………………………54
- 病院の中でも勉強できる？…………………………………………………56
- 回復に向けた訓練……………………………………………………………58
- 退院後の生活に向けて………………………………………………………62
- 病院の中にはこんな部屋もある！…………………………………………64
- お見舞いに行くときの注意…………………………………………………66

3章　いつでもどこでもつながる病院

- とつぜん事故にあった！　どうなる？……………………………………68
- 災害現場にかけつける………………………………………………………70
- 近くに病院がなかったら……………………………………………………72
- 医療によって救われた命……………………………………………………74
- 健康のためにできること……………………………………………………76
- さくいん………………………………………………………………………78

はじめに

みなさんの学校では、毎年、健康診断をしていることでしょう。身長や体重をはかったり、歯医者さんが口の中をみて虫歯になっていないか調べたりしたことがありませんか。ほかにも、眼科のお医者さんが目にライトを当てて目のようすを診察したり、内科のお医者さんが聴診器で心臓の音をきいたりするのではないでしょうか。予防注射を受けることもありますね。こうした医師は、みなさんのからだが健康かどうかをみて、大きな病気にならないように予防してくれているのです。

元気な人でも、ときには体調をくずすことがありますよね。朝起きたら、熱が出ていたり、せきが止まらなくなったりすることや、おなかが痛くなったりすることもあります。また、大きなけがをすることもあるでしょう。

そんなとき、私たちは、病院に行きます。

病院では、医師のほかに、看護師や薬剤師、臨床検査技師、診療放射線技師など、多くの人が働いています。

医師が聴診器で心臓の音をきいたり、看護師が体温や血圧をはかったり、診療放射線技師、臨床検査技師が、レントゲン撮影や血液検査をしたりと、チームで協力して原因をさぐります。そして、治療を始めます。注射を打ったり、薬を出したり、時には、手術をして病気を治してくれます。

この図鑑は、「病院の中をみてみよう」「病院をもっと知ろう！」「いつでもどこでもつながる病院」の３つの章で構成しています。

この図鑑を読んで、病院について知れば知るほど、わたしたちの命を守るために、病院がなくてはならないものであることに気づきます。病気やけがから私たちの命を守ってくれるのが病院なのです。

この図鑑で学んだら、健康を守るために自分たちでできることを考えてみるのもよいでしょう。

植草学園大学
発達教育学部　教授

梅澤真一

みんなの命を守る病院

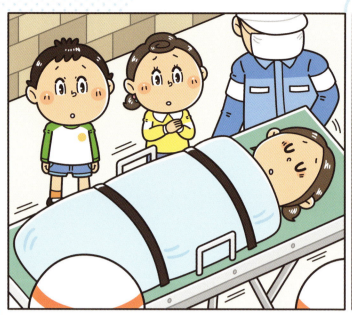

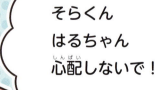

※病院によっては感染症対策のため、小学生の面会ができないところもあります。

病院の中を みてみよう

クリニックと病院って何がちがうの？

お医者さんがいるのは同じだよね。

病院ではたくさんの人が働いているよ。どんな人がどんな仕事をしているかみていこう。

病院ってどんなところ？

みなさんは病気やけがをして、病院に行ったことはありますか？

病院と診療所 どうちがう？

病気やけがをした患者さんを診療する医師は、病院や診療所（クリニック）にいます。

病院でも診療所でも、診療を受けられることは同じですが、病院は診療所よりも規模が大きく、医師や入院用のベッド（病床）の数が多いというちがいがあります。また診療所は医師が少ないため、診療できる病気がかぎられているのに対して、病院は医師が多く、さまざまな病気に対応することができます。

うちの近くの整形外科は、診療所だね。

お母さんが入院した病院には、たくさんの診療科があったね。

診療所
［病床の数］19床以下。病床をもたないところが多い。
［医師の数］1名以上。

診療所の90％以上は、入院できる施設をもっていないよ。

病院に行くのはどんなとき？

病院は診療所より、検査や治療のための機器、設備が充実していて、手術が必要な重い病気にかかっても治療をすることができます。けれども、病院は数が少ないため、一度にみることができる患者さんの数はかぎられています。

そこで国は、症状が軽い人は、まず家から近い診療所にかかることをすすめています。重い病気の患者さんがとどこおりなく病院にかかれるようにするためです。もし診療所の医師が専門的な検査や治療が必要と判断したときは、「紹介状（診療情報提供書）」を書いてもらえます。それを持って病院に行くと、すみやかに必要な治療が受けられます。

日本の病院と診療所の数（2022年）

病院　8,156
診療所　105,182

※出典「医療施設調査」（厚生労働省）

> 紹介状がなくても病院にかかることはできるよ。ただし紹介状を持っている場合よりも、費用が高くなることがあるよ。

病院
［病床の数］20床以上。
［医師の数］3名以上。外来患者（入院せず通院してくる患者）40名に対して医師1名、入院患者16名に対して医師1名を置く。

いろいろな病院

全国にたくさんの病院がありますが、病院ごとにことなる役割があります。

病院ごとの役割

病院のなかでも、国に「地域医療支援病院」として認められた病院は、とくに地域の診療所の医師と協力して、地域の住民の健康をささえる役目をしています。

多くの重度の患者さんを治療し、新しい治療法の研究に取り組む病院は、国が「特定機能病院」と認定しています。全国に約80か所あります。

ほかにも、がんの診療に力を入れている病院、リハビリテーションを専門におこなう病院、感染症の患者専門の病棟をもつ病院など、それぞれに特色があります。

病院によって、それぞれ得意なところがちがうよ。

大学附属病院ってどんなところ？

医師や歯科医師をめざす人が学ぶ大学が運営する病院を、大学附属病院といいます。大学附属病院では、患者さんの治療だけでなく、医療にたずさわる人を育てる役割を担っています。

大学附属病院で働く医師や看護師、薬剤師などの医療スタッフは病院の中で学生を指導したり、大学の授業で話をしたりすることもあります。また最新の治療についての研究に力を入れているのも大学附属病院の特徴で、「特定機能病院」の承認を受けている病院が多くあります。

地域医療支援病院

地域の診療所から紹介される患者さんを中心にみている病院です。院内にある設備や医療機器は、地域のほかの病院や診療所でも利用できるようになっています。救急車で運ばれてきた患者さんを24時間、受け入れられる体制をとっています。病床が200床以上あります。

病院の「地域連携室」とよばれる部署は、診療所から患者さんを受け入れるときや、その患者さんが退院して、また地域の診療所にもどるときに窓口となるよ。

特定機能病院

とくに重い病気やけがをした患者さんの治療をおこなったり、新しい治療法の開発に取り組んだりしている病院です。病床が400床以上あり、集中治療室（ICU）が置かれています。患者さんに対して医療スタッフの人数も多く、医師の数は通常の病院の約2倍であることが認定の要件のひとつとなっています。

新しい治療法の開発に取り組むことも、特定機能病院の承認の要件になっている。

どこにかかったらいいの？

大きな病院には、さまざまな病気の専門の診療科があります。どの診療科をたずねるとよいのでしょうか？

医師によって専門分野がある

からだのしくみはとても複雑で、病気の種類もたくさんあります。そのため医師は、それぞれ専門に診療する分野を決めています。

15歳ごろまでは、成長段階特有の病気や、子どもの対応を専門とする「小児科」でみてもらうことができます。けれども、おとなになったり、子どもでも専門の治療が必要だったりする場合は、専門の診療科にみてもらうことになります。

大きな病院では、診療科が細かく分かれています（右の写真）。もしどこの診療科にかかったらよいかわからないときは、電話でたずねたり、総合受付で聞いたりすると、案内してもらうことができます。

さまざまな診療科の名前が書いてある案内板。
（写真は国際医療福祉大学三田病院のもの）。

こんなときは何科？

からだがかゆい

ひふの疾患を専門に診療する **皮膚科**

骨折した

骨、関節、筋肉の疾患をみる **整形外科**

症状がいくつもあって、どこにかかったらいいのかよくわからないときがあるよね。そんなときはまず、いろいろな診療科の知識を身につけた「総合診療医」がいる「総合内科」にみてもらい、それから専門の診療科に案内してもらうこともできるよ。

おなかが痛い  → 胃腸の疾患にくわしい 消化器内科

頭が痛い  → 脳や神経のことは 脳神経内科

胸が苦しい  → 心臓や血管の疾患を専門とする 循環器内科

赤ちゃんができた  → 妊婦や女性特有の疾患をみる 産婦人科

受け付けをしよう

病院にかかるときには、「受付」に出さなければならないものがいろいろあります。

まずは受付へ

具合が悪く、診察を受けるときに必要になるのが保険証です。診療所やほかの病院からもらった紹介状や検査結果があれば、それも持っていきます。これらを受付に出して、問診票と番号札を受け取ります。

前にも同じ病院にかかったことがあり、診察券を持っている場合は、それを出すとスムーズに診察を受けることができます。機械に診察券を差しこんで、自動で受け付けできる病院もあります。

受付。病院の入り口の近くにある。

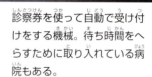

診察券を使って自動で受け付けをする機械。待ち時間をへらすために取り入れている病院もある。

保険証をわすれると、会計のときに支払う費用が高額になってしまうので気をつけて。

医療費のしくみ

日本に住む人は全員、原則として医療保険制度に加入しなければなりません。これは家庭ごとに、保健機関といわれる団体に保険料を支払うかわりに、病気やけがをしたときは少ない費用で治療を受けられるしくみです。

医療保険制度に加入していることを証明する保険証を受付で出すと、実際にかかった医療費の一部を支払うだけですみます。

問診票に記入して待つ

病院はとても広いので、受け付けがすんだら自分がかかる診療科の近くに移動します。診察室の外に電光表示がある場合は、診察が近い人の番号が表示されます。表示を見て、自分の診察の順番が近づいたら、すぐに診察室に入れるようにしておきます。電光表示がなくても、順番になると診察室に案内してもらえます。

診察の順番を待っている間に、受付でもらった問診票への記入をすませておきます。

番号札（外来案内票）。診察までなくさないようにとっておく。

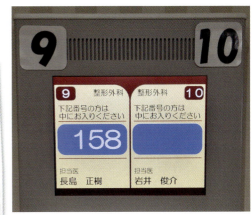
診察順が近づくと、診察室の前に番号が表示される。

問診票にはどんなことを書くの？

問診票には現在の症状や、これまでかかった病気、現在の生活のようすについての質問が書いてあります。

患者さん自身が前もって記入しておくことで、医師の診察がスムーズに進みます。

問診票はできるだけ正確に書こう！ 事前にインターネット上で、問診票に入力できる病院もあるよ。

問診票の例

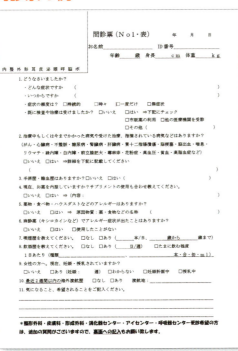

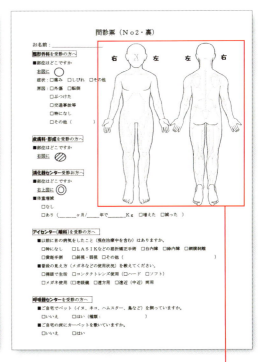

症状
どんな症状がいつからあるのかなどを書く。

病歴
現在、治療している病気、過去に大きな病気をしたことはあるかを書く。

アレルギー
食べ物や薬のアレルギーがあるかを書く。

生活習慣
大人の場合は、酒をのんだりたばこをすったりする習慣があるかを書く。

※問診票は、病院によって内容がことなる部分があります。

症状がある部位
診療科によっては、からだの症状がある部位に印をつけることもある。

診察室に入る

診察ではまず、医師や看護師が現在の症状について、くわしく聞いていきます。

診察の順番が近づいたら

診察室に入る前に、看護師（→52ページ）が記入した問診票を受け取りにきます。書かれた内容をチェックして、よりくわしく話を聞きとったり、体温をはかったりすることもあります。

看護師は診察中も、注射の準備や検査のために血液をとるなどして、医師がスムーズに診療できるよう補助します。

外来にも看護師さんがいるんだね。

診察室はこんなところ

患者さんのいす

モニター
検査結果の画像やデータを患者さんに見せるときに使う。

パソコン
ここで電子カルテ（→24ページ）を表示して、患者さんの症状、診断の結果などを入力する。

医師のいす

ベッド
診察をしたり、注射などの処置をしたりするときに患者さんが横になるために使う。

整形外科の医師と道具

整形外科の医師。医師になるには、大学の医学部で6年間、医師になるための勉強をしたのち、国家試験に合格する必要がある。

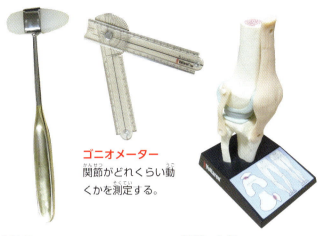

ゴニオメーター
関節がどれくらい動くかを測定する。

打腱器
腱をたたいて、神経や筋肉の反応をみるために使う。

関節の模型
患者さんへの説明に使う。整形外科にはからだじゅうの関節の模型が用意されている。

聞く・見る・さわる診察

医師（→50ページ）は患者さんに、どこが痛むのか、いつから症状があるのかなどを聞いていきます。そして痛みのある場所を目で見たり、さわったりして、からだの状態を確認していきます。患者さん本人が気づいていない、大きな病気がかくれていることもあるため、しんちょうに診察を進めます。

骨や血液、臓器の状態などをくわしくみる必要がある場合は、診療放射線技師（→28ページ）や臨床検査技師（→26ページ）による検査を受けてもらいます。患者さんに説明し、電子カルテ（→24ページ）にも、どのような検査が必要なのか入力します。

神経をとぎすませて、診察にあたるんだね。

診察の前に検査を受けてもらったり、診療所やほかの病院で受けた検査結果を見せてもらったりして診断することもあるよ。

診察室のパソコンに表示されているのは？

電子カルテには患者さんの症状や診療の記録など、重要な情報がつまっています。

患者さんに関する情報がたくさん

患者さんを診療したときの記録を「カルテ」といいます。カルテには、患者さんがいつ、どんな症状で診察を受けたか、どのような治療を受けたかが記録されます。医療機関では、かならず患者さんごとにカルテを作成して保管します。次に患者さんが来たときも、医師がカルテの記録を確認することで、患者さんのからだの状態をより的確に知ることができます。医療費も、カルテの情報をもとに算出されます。

現在は電子システムに入力して保存する、「電子カルテ」をとり入れている病院が多くなっています。たくさんの医療スタッフが関わっているケースでは、はなれた場所にいても電子カルテにアクセスすれば、患者さんの最新の診察の情報を見ることができ、効率よく仕事をすることができます。

電子カルテは、紙に記入するカルテよりも情報の取り出しが簡単で、医療費を自動的に算出するしくみもついている。だから患者さんの待ち時間をへらすことができるんだ。

医療スタッフをつなぐ電子カルテ

薬剤師
（→32ページ）
カルテの情報をもとに薬を調剤する。

電子カルテ

医師
診察の記録をつける。必要な検査、処置、処方する薬を記録する。

看護師
カルテに入力された医師の指示にしたがって、必要な処置をおこなう。患者さんが入院している間は、体調の変化などを記録していく。

臨床検査技師・診療放射線技師
カルテに入力された医師の指示にしたがって、検査をおこなう。検査の結果、画像をカルテに入力することもできる。

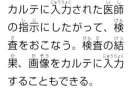

医療事務
（→20・31ページ）
カルテから医療費を算出し、医療費の請求に必要な業務をする。

大きな病院の医師は、一日に何人もの患者さんを診察するので、とてもいそがしい。そこで、「医師事務作業補助者」とよばれる職員が、医師の指示のもとカルテの入力をおこなっているよ。

電子カルテにはどんなことが書いてあるの？

患者さんの氏名、血液型、生年月日、診察券に記載されるID番号、症状のある場所などが書かれている。受付後、事務スタッフや看護師が入力し、診察前に医師が読み上げて本人であることを確認する。

処方した薬が表示される。病院内にある薬局では、この情報を処方箋として出力し、薬の調剤をする。

診察のときにおこなった処置が書かれている。

臨床検査技師や診療放射線技師が入力した検査結果が表示される。レントゲンなどの画像も表示される。

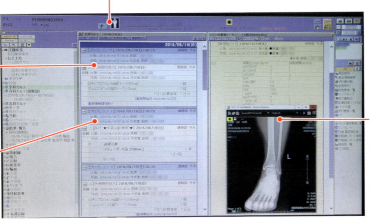

入院中の患者さんの場合は、看護師が看護の記録を、管理栄養士（→40ページ）が食事の記録を、薬剤師が薬の記録をつける。
リハビリテーション（→58ページ）を受ける患者さんについては、その記録も担当のスタッフが記録するよ。それぞれが情報を共有することで、よりよいケアができるんだ。

広がる医療機関どうしの情報共有

電子カルテは、それぞれの病院の医療スタッフの間だけで、共有されています。

それとあわせて、国は今後、患者さんの診療にかかわる一部の情報を、医療機関どうしや薬局との間でも共有するしくみづくりを進めています。このしくみによって、患者さんを別の医療機関に紹介するときなどに、情報をすみやかに、より正確に伝えることができると期待されています。

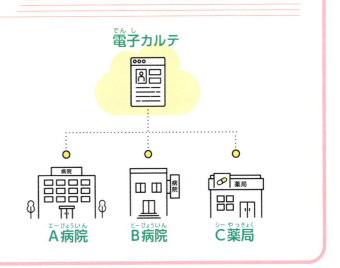

1章・病院の中をみてみよう

25

検査を受ける①

臨床検査技師はさまざまな検査をおこない、診断や治療に必要なデータを医師に提供します。

🩺 機械でからだの機能を測定

臨床検査技師がおこなう検査には「生理機能検査」と「検体検査」があります。

生理機能検査は、患者さんに直接、接しておこなう検査で、さまざまな検査方法があります。たとえば、心臓や脳の異常を調べるときには、からだに電極をつけて記録をとる「心電図検査」や「脳波測定」をおこないます。臓器の状態をみるときは、からだに直接機械をあてる「超音波検査」を、呼吸や肺の状態を調べるときは、「肺機能検査」を用います。

正確な検査、分析が病気の早い発見につながるんだよ。

心臓の検査

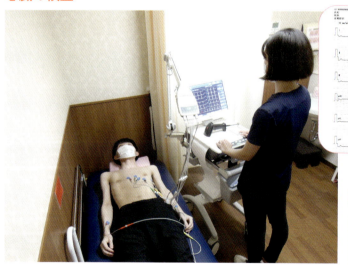

患者さんの胸と手足に電極をつけて、心臓の動きによって発生する電気信号を記録する「心電図」。不整脈、心筋梗塞などの病気を見つけることができる。

腹部の臓器の検査

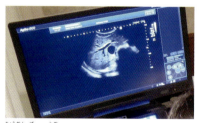

超音波を通しやすくするゼリーをぬったところに機械をあてて、腹部に異常がないかを調べる。がんなどの腫瘍（細胞が増殖してできたかたまり）を見つけることができる。

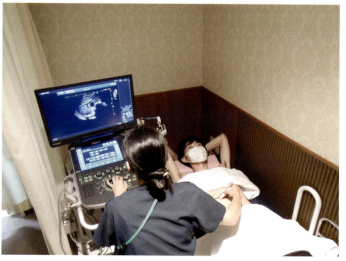

からだからとった検体を分析する

検体検査は血液や尿、細胞など、患者さんのからだからとった「検体」を分析して、異常がないかを調べます。検体は専用の容器に入れ、分析に回します。検体は決して取りちがえてはいけません。検体の容器にはあらかじめ、患者さんごとに割り当てたバーコードをはっておきます。そこに検体を入れ、機械で読み取れば、患者さんの名前と検査項目がわかるしくみです。

大きな病院には検体検査室があって、そこで異常がないかをすぐに分析します。検体検査室がない病院は、検体の分析を専門とする検査センターに、分析を依頼します。

注射器を使って血液をとる採血は、看護師か臨床検査技師の仕事だ。

血液の検査

遠心分離機に血液の検体を入れる。

骨髄の検査

患者さんから採取した検体の骨髄液をぬったプレパラート。

プレパラートにぬった検体に色をつけたものを、顕微鏡で見て、異常がないかを調べる。

分析装置に入れて、成分の数値を測定する。

遠心分離機から取り出した血液。成分ごとに分離されている。

目や耳の検査はだれの仕事？

臨床検査技師は、からだをはば広く検査することができます。耳鼻咽喉科では聴力（耳）や味覚（口）、嗅覚（鼻）の検査をする人もいます。
目の検査は眼科で受けられます。目の検査を専門とする「視能訓練士」がおこないます。

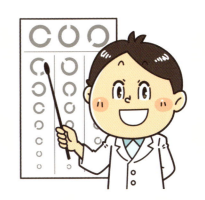

検査を受ける②

からだの中を撮影する検査もあります。診療放射線技師とよばれる専門職が担当します。

放射線でからだの中をうつす

骨折など、骨に異常があるときや肺の状態を調べるために、はば広く用いられるのがX線検査です。放射線のひとつであるX線という電磁波（いろいろなものを通りぬける光のようなもの）をあてて、からだの中のようすを撮影します。

放射線は治療にも使われるものですが、大量にあびてしまうと、健康な細胞が傷つき、病気になってしまうおそれがあります。そのため放射線をあつかう検査は、必ず診療放射線技師という専門の資格をもった職員によって進められます。

胸のX線検査。よけいなものが画像にうつりこまないよう、患者さんは検査着に着替える。診療放射線技師の指示にしたがって、胸を板に当て、大きく息をすう。

診療放射線技師。患者さんの撮影の補助などで放射線をあびるときは、なまりの入った防護衣をつけている。

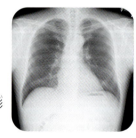

X線によって撮影された画像。

車の中でX線撮影

X線検査はレントゲン検査ともよばれ、健康診断で広く取り入れられています。学校や会社など、医療設備のないところに行って、X線検査をおこなうレントゲン車もあります。

からだの断面を撮影する

CT（コンピュータ断層撮影）検査は、つつ状のガントリーという装置でおこないます。この装置では、さまざまな方向からX線をあてられます。こうすることで、からだを輪切りにしたような画像を撮影でき、連続した断面の画像を組み合わせて、立体的な3D画像をつくることもできます。

CT検査と似た検査にMRI（磁気共鳴画像法）検査があります。MRI検査もCT検査と同じように、ガントリーの中で撮影をおこないますが、放射線を使わず磁気と電波を使ってからだの断面の画像を撮影します。そのため、放射線をあびたくないという患者さんでも、安心して検査を受けることができます。ただし、ペースメーカー（心臓の動きを助ける医療機器）など、金属製の医療機器がからだに入っている人はMRI検査ができません。

またCT検査とMRI検査は、撮影する部分によって、向き、不向きがあります。どちらの検査をおこなうかは、検査の目的や患者さんの状態によって、医師が決めます。

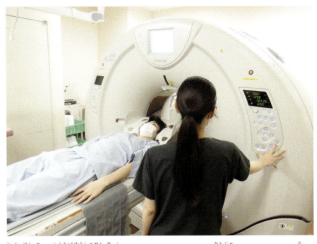

CT検査。診療放射線技師のそうさによって、患者さんをのせた部分がガントリーに入っていく。

撮影した画像をパソコンで処理するのも診療放射線技師の仕事。立体的にしたり、色をつけたりしてわかりやすくする。

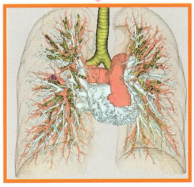

完成した肺の3D画像。回転させてさまざまな角度から見ることができる。

からだの中がよく見えるね！

検査は病気の予防のためにも、とっても大切だよ。

診断を受けて会計する

　検査結果をもとに医師から診断を受けて、会計をします。会計では診療明細書や処方箋などがわたされます。

医師から診断を聞く

　検査結果が出ると、医師は患者さんのからだがいま、どんな状態にあるのかを診断し、これからどのように治療していくかを考えます。

　できるだけ患者さんに不安をあたえないように、診断の結果を伝えるときは、落ちついた表情と声で話します。からだのしくみはとても複雑ですが、できるだけわかりやすい言葉を選んだり、画像や模型を使ったりして、ていねいに伝えます。

治療のためには、まず患者さんに病気のことを正しく理解してもらう必要がある。患者さんとのコミュニケーションが大切なんだ。

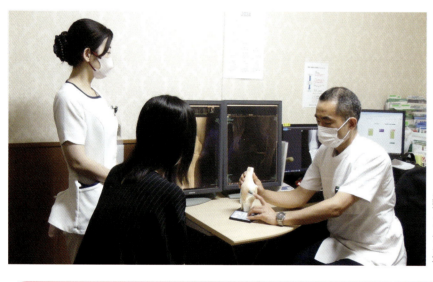

整形外科医から診断を聞く場面。レントゲンの画像や筋肉の模型を使って、痛みの原因と治療法、ふだんの生活の注意点などを説明している。

医療の現場で活躍する通訳

　近年、日本で働き生活する外国人が増えたことにともない、病院で診療を受ける外国人も増えています。そのなかには日本語で自分の症状を正確に伝えられない、医師の説明を十分に理解できないという人が少なくありません。

　そこで外国人の患者さんが多い病院では、医療の専門知識をもつ通訳が診療に立ちあうことがあります。英語、中国語をはじめ、さまざまな言語の通訳が医療の現場で求められるようになっています。

受付で会計をする

診察が終わったら、受付で診療や検査にかかった費用をはらいます。会計をすると、診療明細書、診察券がわたされます。治療のために医師が薬を処方しているときは、処方箋、またはお薬引換券もわたされるので、それを受けとって、薬局（→32ページ）に持っていきます。

診断後にわたされた会計ファイルを「計算受付」カウンターに提出する。事務スタッフが医療費を算出したあと「会計」カウンターで支払いをする。自動精算機（左）で支払いができる病院もある。

会計のときにもらうもの

診療明細書
診察や検査、治療、薬の処方などに対して、はらわれる費用をまとめたもの。

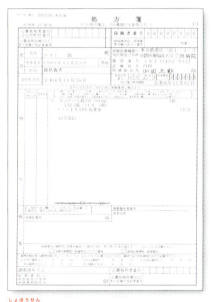

処方箋
医師が作成した、必要な薬の種類、数量、飲み方を書いたもの。

病院の中に薬局があるときは、処方箋のかわりにお薬引換券を持っていって、薬を受けとるよ。

診察券
一人ひとりのID番号がついている。次に通院するときから、受付で診察券を出すとスムーズに診察を受けることができる。

＊病院によって受付から会計までの流れや、わたされるものにちがいがあります。

薬をもらう

医師が処方した薬は薬剤師という薬の専門家が準備し、患者さんに手わたしします。

薬剤師が薬の安全性を確かめる

薬局にいる薬剤師は、医師が作成した処方箋にしたがって、薬を準備します。

薬は病気やけがを治すために用いられるものですが、患者さんのからだの状態に合った使い方をしないと、副作用（からだによくないはたらき）が起きる場合があります。薬の種類や数量をまちがえないように準備することはもちろんですが、処方箋やお薬手帳（→33ページ）の情報をよく見て本当に安全に使用できるものか、確かめるのも薬剤師の仕事です。処方箋に書かれた薬の量が多すぎる、飲みあわせがよくないといった心配があるときは、医師に連絡をとって、処方箋を訂正してもらうこともあります。

これは病院の中にある薬局だよ。外の薬局に処方箋を持っていって薬を受けとる場合もあるよ。

薬剤師は、大学で6年間、「薬学」という薬の勉強をして、国家試験に合格した薬の専門家。

病院の薬剤師の仕事

病院の薬剤師は、外来の患者さんの薬だけでなく、入院している患者さんの治療や手術で使う薬の準備もしています。とくにがんの治療に使われる薬は、副作用が強く、しんちょうに取りあつかわなければなりません。そのため専用の部屋の中にある「安全キャビネット」という設備の中で調製します。

また病院で働く薬剤師は、新しい薬などの情報をいち早く取り入れ、医師や看護師に伝えたり、質問にこたえたりしています。病室をたずねて、入院している患者さんに会って薬の説明をしたり、心配ごとにこたえたりすることもあります。

安全キャビネットで抗がん剤を注射器で正確に量り取る薬剤師。防護服を着て作業し、必ず2人以上で量を確認する。

患者さんに薬を手わたすまで

外来の患者さんに処方する薬がならぶ部屋には、飲み薬、ぬり薬、はり薬など、薬がずらりとならんでいる。全部で千種類以上ある。この中からまちがいのないように取り出す。

医師の指示で、錠剤（固形の薬）を粉状にしてわたすこともある。

粉状にしたものを機械でふくろづめする。

用意した薬と処方箋、お薬手帳を別の薬剤師にわたし、チェックを受ける。

お薬手帳は処方された薬を記録する手帳。正しく記載されているか確かめる。ほかに使っている薬との飲みあわせに問題がないかもチェックする。

引換券を受けとって、患者さんに薬をわたす。薬の飲み方、使い方、副作用について、ていねいに説明する。

病院はこんなところにささえられている

患者さんの病気やけがを治すために、病院の外にいるたくさんの人たちに協力してもらっています。

製薬会社

治療に使われる薬の開発をしています。新しい薬ができたら、治療に役立ててもらえるように、病院を回り、医師や薬剤師にその効果や副作用について説明します。

医療機器メーカー

手術や検査などに使う医療機器を開発します。性能のよい機器を開発することによって、これまで助けるのがむずかしかった患者さんを治療することができるようになったり、より正確に手術をおこなうことができるようになったりします。

血液センター

病気やけがの治療のため、患者さんのからだに、ほかの人たちから集めた血液を入れる「輸血」が必要になることがあります。血液センターは全国にあり、輸血用の血液を集めて、安全を確かめ、輸血を必要とする病院にすぐに提供できるよう準備しています。

救急の患者さんを受け入れている病院では、消防署にいる救急救命士（→68ページ）の協力も欠かせないよ。

病院をもっと知ろう！

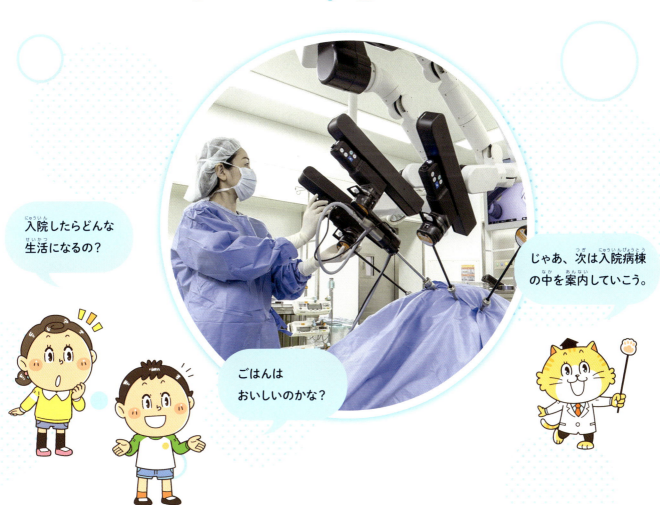

入院したらどんな生活になるの？

ごはんはおいしいのかな？

じゃあ、次は入院病棟の中を案内していこう。

入院病棟ってどんなところ?

　入院をすると、一日の大半を病棟ですごすことになります。病棟の設備や役割をみていきましょう。

病室のほかにもいろいろな部屋がある

　病室には数人でいっしょにすごす「多床室」と、一人だけの部屋「個室」があります。病室のある階には、医療スタッフが集まる「スタッフステーション」があり、病室にいる患者さんは、からだがつらかったり手助けが必要になったりしたときに、ボタンをおして看護師をよぶ「ナースコール」ができます。

　面会に来た人と話すラウンジや、浴室、せんたく室もあります。自分で動ける人は、決められた時間内であればせんたくをすることや入浴をすることもできます。

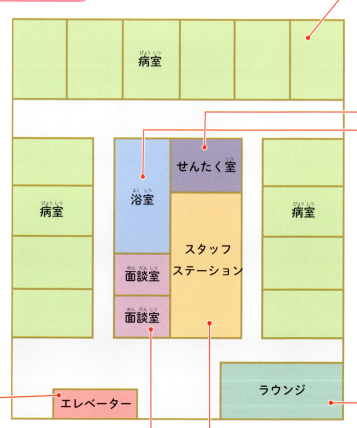

エレベーター
車いすにのっている人が乗りおりしやすいように、広いつくりになっている。

面談室
入院中の生活についての説明や、今後の治療などについて、スタッフと患者さん、家族が話をするときに使う。

病室

多床室（左）と個室（右）がある。多床室はカーテンでとなりの部屋との間が仕切られている。どちらの部屋も、ベッドのわきにナースコールボタンがある。

ナースコールボタン

浴室

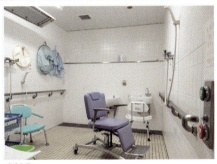

介助が必要な人はすわったままシャワーをあびることができるいすがある。何かあったときに看護師をよべる、ナースコールボタンも備わっている。

せんたく室

患者さん自身や家族が、ここでせんたくをする。

ラウンジ

お見舞いに来た人と話したり、ゆったりとくつろいだりするための共有スペースを備えた病院もある。

スタッフステーション

医療スタッフが集まる部屋。パソコン上で電子カルテを見ることができる。患者さんの処置や点滴に必要な器具も用意されている。心拍数や呼吸数などを表示するモニターで、病室にいる患者さんのようすも確認できる。

入院中の生活

病院に入院すると、一日をどのようにすごすことになるのでしょうか？　朝起きてから、寝るまでの流れをみていきましょう。

午前6:00 **点灯（起床）**
入院中は、朝起きるといちばんに看護師が来ます。血圧や体温、脈拍などをはかって体調を確認するためです。

午前7:00 **朝食**
栄養バランスの取れた食事（→40ページ）を、看護師が運んでくれます。病気やけがのため、自分で食べられないときは、食事の介助をしてもらえます。処方されている薬があれば、この時間に飲みます。

午前10:00 **回診**
医師がベッドのそばに来て、からだの調子についてたずねます。

医師や看護師だけでなく、薬剤師や管理栄養士、リハビリテーションを担当する職員がようすを見にきてくれることもあるよ。

午前11:00 **検査・治療**
外来ではできない、精密検査や特別な治療を受けます。看護師が検査室や診察室までつきそってくれます。

正午 **昼食**

午後2:00 **面会**
面会の時間は、病室やラウンジなどでお見舞いに来た家族や友だちと話すことができます。

売店で買い物
自分で移動できる人は病院内の売店に行って、買い物をすることもできます。

午後3:00 **入浴**
一人ずつ順番にシャワーをあびることができます。一人で浴室に行くのがむずかしい人は、介助をしてもらったり、からだをふいてもらったりすることができます。

午後6:00 **夕食**

午後9:00 **消灯（就寝）**
病室の電気が消え、ねむります。

入院中は早寝、早起きなんだね！

シャワーをあびたり、買い物をしたりすることもできるんだ！

病室のテレビや冷蔵庫を使うこともできるよ。体調が安定している人は、中庭やラウンジなどですごしてもいいんだ。

＊病院や疾患、治療の内容によって、一日のスケジュール、すごしかたはことなります。

病院の食事

入院中の患者さんにとって、食事は楽しみのひとつ。また、健康なからだづくりに欠かせないものです。

🩺 治療を助ける食事

病院では管理栄養士がたてた献立にそって、入院している患者さんの食事をつくっています。患者さんのなかには、病気のために、さとうや塩分、油をとりすぎてはいけない人、アレルギーがある人、かむ力が弱い人などがいます。

病院の管理栄養士は、電子カルテにある患者さんの情報を確認し、病気やけがの状態によって調理法や固さを変えるなど、何種類もの食事を用意します。おいしいだけでなく、元気なからだをつくる食事を提供するのが仕事です。

献立をつくる管理栄養士（左）と調理師（右）。衛生管理がてっていされた調理室の中では、必ずぼうしをかぶり、専用のくつをはく。

ある日の夕食

2つの献立から、患者さんが好きなほうを選べる病院もあるよ。

常食
食事に制限のない人が食べる。

一口大食
手をうまく動かせない人のために、一口大に料理をきざんである。

ヘルシー食
糖尿病、高血圧など生活習慣病の人の食事。うす味で油をひかえめにしている。

とろみ食
飲みこむ力が弱い人のための食事。料理をミキサーにかけて、とろみをつけている。

ミキサー食
飲みこむ力がとくに弱い人のための食事。とろみ食よりもさらに細かくミキサーにかけている。

40

手際よく調理

病院の食事は、きびしく衛生管理された調理室の中でつくられます。一度に大量の食事をつくるため、大きななべやボウルで調理しますが、さとうや塩をへらしたヘルシー食やアレルギーに対応する食事は、調理器具を分けてつくります。

決められた時間通りに食事を提供できるように、管理栄養士、調理師が力を合わせ、手際よく調理を進めます。

サラダを分量どおりにてきぱきと、取り分けていく。

食札に合わせてならべる

食事ができたら、病棟ごとに用意したワゴンに食事をならべていきます。とりちがえがないように、患者さんごとに食事の内容を書いた「食札」をはっておき、食札と食事の内容が合っているか、チェックしながらならべます。

ワゴンにはられた食札には、患者さんごとに、提供する食事の種類、分量、アレルギーなどの情報が書いてある。

患者さんをたずねることも

食事中に管理栄養士が病棟を回り、食事の進み具合をみたり、患者さんから感想や要望を聞くこともあります。

また、栄養についての専門知識をもつ管理栄養士には、食事のとり方について、患者さんを指導する役目もあります。医師から指示を受けて、退院後の食事のとり方をアドバイスします。

管理栄養士は通院してくる患者さんに栄養指導をすることもあるよ。体重や脂肪、筋肉の量をはかって、食生活にかたよりがないかを調べ、健康になるための食事のとり方を提案するんだ。

患者さんのために最善をつくす

病院には、患者さんによりよい治療をほどこして、ささえていくために、さまざまな専門職のスタッフがいて、みんなで力を合わせています。

チームで患者さんをささえる

患者さんの診療にあたる医師は、からだや病気についての深い知識を身につけた人ばかりです。

しかし、医師ひとりでは治療方針を決めるのがむずかしいことや、病棟での患者さんのようすや気持ちに気づけていないこともあります。ほかの医師の意見を聞くことや、患者さんに関わる医療スタッフと情報を共有することが大切です。

患者さんをささえるさまざまな職種の人が、それぞれの専門の立場から情報を伝えあい、患者さんにとって、もっともよいケアのあり方をチームでさぐっていきます。

診療放射線技師

診療放射線技師・臨床検査技師
治療の目的、患者さんの状態に合わせて、適切な検査をおこなう。

臨床検査技師

臨床心理士

臨床心理士
患者さんや家族の、心の面でのケアをおこなう。

ていねいに話しあってもらえたら、患者さんは安心だね。

医療ソーシャルワーカー（→62ページ）
患者さんの状況に応じて、生活をささえる福祉制度や連携機関をさがし、案内する。

医療ソーシャルワーカー

一人の患者さんに、こんなにたくさんの人が関わっているんだね。

患者さんの病気や、状態によって、関わる職種は変わってくるよ。

患者さん、家族の希望を聞きながら、さまざまな専門職がチームでささえる

チーム医療

医師

患者さん・家族

看護師

医師
患者さんの診療にあたり、治療の全体的な方針を立てる。

看護師
医師の治療の補助や、患者さんの身のまわりの世話をする。患者さんの心身の状態に気を配り、気づいたことをほかの医療スタッフに伝える。

薬剤師

薬剤師
医師の処方箋にあわせて薬を調剤するほか、薬の専門家として、医師や看護師に情報提供をする。

管理栄養士

管理栄養士
患者さんの病気やけが、アレルギー、かむ力、飲む力に合わせて献立を考える。食事のとり方について患者さんに指導することもある。

理学療法士

作業療法士

言語聴覚士

理学療法士（→59ページ）
作業療法士（→60ページ）
言語聴覚士（→61ページ）
治療と並行して、からだの機能を回復する訓練をおこない、社会のなかで生活できるようささえる。

医療事務

医療事務
患者さんの受付や、カルテの整理、医療費の請求など、患者さんがスムーズに受診できるように、さまざまな業務を担当する。

43

手術はどのようにおこなわれるの？

手術室にはさまざまな役割の人がいます。手術が成功するように、だれもが細心の注意をはらっています。

患者さんに同意をもらう

治療のために手術が必要な患者さんには、担当の医師から患者さん本人や家族に、手術の目的、手術後に予想されること、それについての処置などを、ていねいに説明します。患者さんと家族が手術に同意したら、署名をもらいます。

手術のときに麻酔が必要な場合は、麻酔を専門とする麻酔科医からも説明をおこない、同意書に署名をもらいます。

手術をおこなう医師の服装。手がよごれないように、肩の高さに上げた状態で手術室に入る。

手術室の中

手術室に入る医療スタッフは全員、念入りに手を洗って、消毒をし、清潔なガウンを着用する。
手術室の中は、手術が終わるごとに専門の清掃業者がそうじをして、つねに清潔にたもたれている。

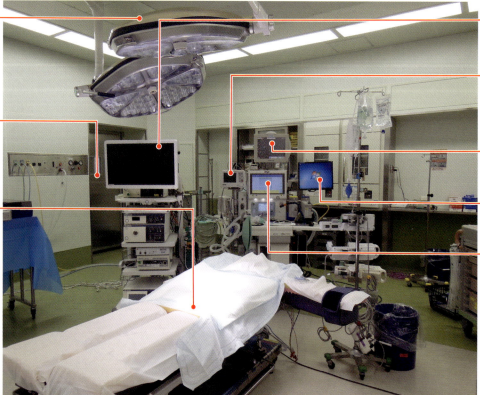

無影灯
とても明るい、影ができにくい特殊なあかりで照らす。

自動ドア
手でふれなくても開閉できる。

手術用ベッド
手術する場所に合わせて、高さや傾きを調節できる。安全のために手足やからだを固定できる。

内視鏡モニター
手術をしている部分が大きく映し出される。

動脈心拍量計
心臓から送り出される血液の量などを測定する。

心電図モニター
心電図（→26ページ）が表示される。

モニター
電子カルテを表示する。

麻酔器
麻酔のガスを患者さんの気道に送る。

44

チームプレーでおこなう手術

手術は、医療スタッフのチームでおこないます。おもに執刀医と助手の医師、麻酔科医、器械出しの看護師、外回りの看護師、生命を維持する機器が正しく動作するように見守る臨床工学技士（→49ページ）などが、手術にあたります。

診療放射線技師が手術室に入って、手術中にX線検査をすることや、患者さんのからだからとった細胞を臨床検査技師が標本にして、専門の医師がみることもあるよ。

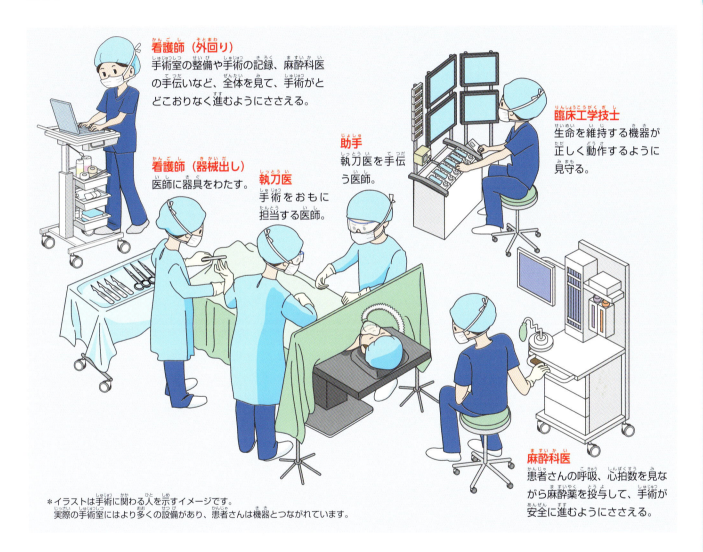

看護師（外回り）
手術室の整備や手術の記録、麻酔科医の手伝いなど、全体を見て、手術がとどこおりなく進むようにささえる。

看護師（器械出し）
医師に器具をわたす。

執刀医
手術をおもに担当する医師。

助手
執刀医を手伝う医師。

臨床工学技士
生命を維持する機器が正しく動作するように見守る。

麻酔科医
患者さんの呼吸、心拍数を見ながら麻酔薬を投与して、手術が安全に進むようにささえる。

＊イラストは手術に関わる人を示すイメージです。
　実際の手術室にはより多くの設備があり、患者さんは機器とつながれています。

手術の道具

メスの刃

手術道具。ひふやからだの組織、糸などを切ったり、つまんだりするときに使う。メス（左）の刃は使い捨てで、手術の直前に新しいものを持ち手にセットする。メスの持ち手とほかの道具は使用するたびに、専用の部屋で消毒、滅菌し、ふくろに密閉して保管する。

執刀医は、それぞれ自分の手に合った手術道具を使っているよ。使いやすいように、メーカー（34ページ）に注文して特別につくってもらう人もいるんだ。

最新の手術・治療

医療はつねに進歩しつづけています。最新の手術や治療のようす、活躍する機器をみてみましょう。

🩺 ロボットをそうさして手術

手術をするときにもっとも重要なのは、正確におこなうことと、術後の患者さんの痛みをできるだけ少なくすることです。そこで取り入れられるようになったのが、ロボットを使った手術です。

アーム（人間のうでにあたる部分）に手術器具とカメラをつけたロボットを、医師がそうさして手術をおこないます。ロボットは、人間の手よりも細かい作業を正確におこなうことができます。通常よりも、手術による傷口を小さくすることができ、出血や痛みが少なくてすむという利点があります。

> ロボット手術では、医師が患者さんからはなれた場所にいても手術できる。近い将来、外国から日本の病院にいる患者さんをリモート手術することもできるよ。

ロボットをそうさする医師。アームについたカメラの映像を見ながら、指を動かし手術を進める。ロボットを正確にそうさするためには長時間のトレーニングが必要。技術向上のために3センチメートル四方の折り紙で鶴をおって練習することもある。

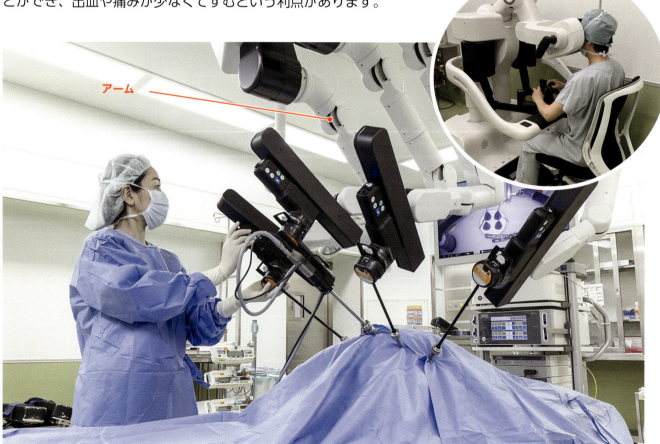

日本で開発された手術支援ロボットhinotori。

手術と検査を同時に進めるハイブリッド手術

ハイブリッドは、「ふたつのものを組み合わせる」という意味です。ハイブリッド手術は、手術室と検査室の機能を備えた部屋でおこなわれ、手術と血管を撮影する検査を同時に進めます。

たとえば、血管にカテーテルという細い管を通す手術をおこなうときに、血管の撮影をしながら進められると、血管を傷つける危険性をへらすことができます。現在はおもに脳や心臓の血管の手術に取り入れられています。

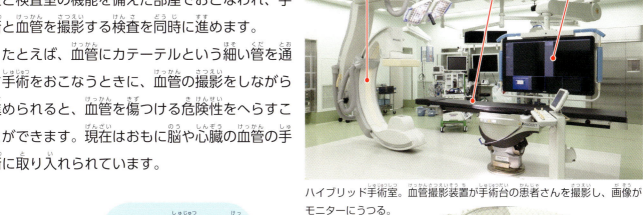

ハイブリッド手術室。血管撮影装置が手術台の患者さんを撮影し、画像がモニターにうつる。

カテーテル手術では、血管に細い管を通して、ふさがった血管を開通させるよ。検査と手術を同時におこなえると、患者さんへの負担も少ないんだ。

ハイブリッド手術のようす。撮影した画像を確認しながら、手術を進める。

放射線でがんを治療する

日本人の死亡原因としてもっとも多いのが、がんです。日本人の4人に1人ががんで亡くなっています。がんはこわい病気ですが、がんの治療は進歩を続けていて、早期に発見されれば、助かる確率が高くなっています。

がんの治療法のひとつに、放射線をがん細胞にあてて、がんを小さくする放射線治療があります。手術で取りのぞくのがむずかしい部分も、放射線治療をおこない、がんを治していくことができるようになっています。

がんの放射線治療に使われる機器「トモセラピー」。からだの内部を撮影し、がん細胞の位置を正確にとらえて放射線をあてる。

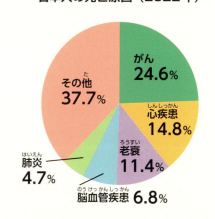

日本人の死亡原因（2022年）

- がん 24.6%
- 心疾患 14.8%
- 老衰 11.4%
- 肺炎 4.7%
- 脳血管疾患 6.8%
- その他 37.7%

※出典「令和4年 人口動態統計月報年計」（厚生労働省）

手術が終わったら

　手術のあと、とくに注意して見守りが必要な患者さんや、特別な治療が必要になった患者さんはICU（集中治療室）に入ります。

24時間看護師が見守る

　大きな手術を終えた患者さんや命の危険がある患者さんは、ICU（集中治療室）に入ります。
　ICUの中では、血圧や呼吸、脈拍、心臓の動きを見るセンサーが患者さんにつけられます。24時間、看護師が交替で患者さんにつき、つねに状態を確認しています。患者さんに異変があったときにはすぐに医師がかけつけます。
　またICUには自分で呼吸できなくなった患者さんや、心臓がうまくはたらかなくなった患者さんを機械を使って助けるための医療機器があります。いつも正常に動くように臨床工学技士が整備、点検をしています。

ICUの入口。見えないほこりや菌が入らないよう、二重の自動扉になっている。入室するときは、インターホンをおして、中から開けてもらう。

ICUには、経験をつんだ看護師が配属される。ほかの病棟と同じように患者さんのケアをおこなうほか、心電図モニターやからだにつないだ管、人工呼吸器の状態を細かくチェックする。面会時間が限られているため、患者さんの家族には看護師からていねいな説明をおこなう。

ICUの内部。2人の患者さんに対して看護師が1人つく。一目で患者さんのベッドが見通せるつくりになっている。

もしも停電が起きて医療機器が止まったら、患者さんはどうなるの？

医療機器が止まることのないように、病院の中には非常用の電源が用意されているよ。

ICUの中にある医療機器

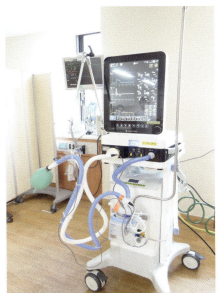

人工呼吸器（NKV-550/日本光電）。口からガスを送って、肺をふくらませ、呼吸を助ける。患者さんの状態に合わせて、臨床工学技士が医師の指示のもと、設定して使用する。

ICUにいる臨床工学技士。機器が正しく動くように設定、整備、点検をする。

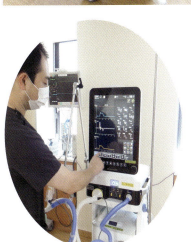

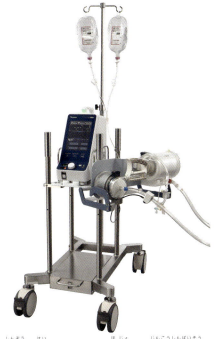

心臓と肺のはたらきを補助する人工心肺装置（キャピオックスSP-200/TERUMO）。とくに心臓や、肺に重い疾患をかかえた患者さんの治療に使われる。
写真提供：テルモ株式会社

人工心肺装置は新型コロナウイルスなどで重症化した患者さんの治療にも役立つよ。

赤ちゃんのための集中治療室 NICU

赤ちゃんの出産を助ける産婦人科の病棟には、予定よりも早く生まれて、からだが成熟しきっていない赤ちゃんや、特別な治療が必要な赤ちゃんたちが入るNICU（新生児集中治療室）があります。

NICUには赤ちゃんがねむる保育器や、赤ちゃんのための人工呼吸器など、たくさんの医療機器がならび、小児科の医師、看護師が24時間、見守るように環境が整っています。

現在のように医療が発達していない時代は、日本でも生後間もなく亡くなる赤ちゃんが少なくありませんでした。けれども、NICUを備えた病院が増えた現在では、赤ちゃんが亡くなる割合はとても低くなっています。

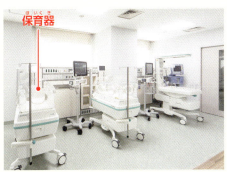

保育器がならぶNICU。保育器の中は湿度と温度が保たれ、酸素を送ることができるようになっている。保育器の中で点滴をすることもある。

2章・病院をもっと知ろう！

医師の一日をみてみよう

治療の方針を立てる医師は、つねに人の命をあずかる責任の大きな仕事です。

患者さんをささえるチームのリーダー

医師は病院のなかで、患者さんの病気やけがを治療し、ささえる、チームのリーダーのような役割をはたしています。

病院に来る患者さんを診察したり、病棟を回って患者さんのようすをみたりするほか、外科の医師は、手術をおこなうこともあります。

日勤の日は朝から夕方まで働き、当直の日は夕方から次の日の朝まで病院にいて、容態が変わった入院中の患者さんや、救急車で運ばれてきた患者さんなどに対応します。

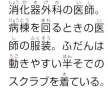

消化器外科の医師。病棟を回るときの医師の服装。ふだんは動きやすい半そでのスクラブを着ている。

医師の一日（日勤）

午前 7:30　出勤／電子カルテのチェック
担当の患者さんの電子カルテをチェック。看護師が入力した体温、血圧などの測定結果や、夜間のようすについて確認する。

病院内では、電磁波が弱く、医療機器にあたえる影響が少ないPHSを持ち歩き、連絡に使っている。

午前 9:00　回診
病棟を回って、患者さんの体調をたずねる。苦痛をやわらげるために、点滴や注射の指示を出すほか、順調に回復している患者さんの退院に向けた計画を立てるなどする。

午前 10:00　カンファレンス
重い病気の患者さんの治療について、ほかの医師や医療スタッフと話しあう。

午後 1:00　手術
患者さんの命を左右する手術は、万全の準備をして臨む。

午後 7:00　帰宅

50

医師の一日（当直）

午後 5:30　出勤
当直室（→64ページ）や医局（医師のつくえがならぶ事務所 →65ページ）で電子カルテを見返したり、調べものや論文の作成をしたりする。

患者さんの容態が変わるとPHSに医師をよびだす電話「ドクターコール」が入る。電子カルテを確認し、すぐに病棟に行って、必要な処置をする。

ドクターコールの少ないときに、当直室のベッドで仮眠をとる。

医師は休みの日でも、担当の患者さんの容態が急変したときは、ドクターコールを受けてかけつけるよ。

休みの日でも気がぬけない仕事なんだね。

午前 9:00　帰宅

＊ここに示しているのは一例です。日によって仕事内容やスケジュールは変わります。

よりよい医療のために、つねに勉強

日本の医療の現場は、新しい治療法が見つかったり、よい薬が開発されたりとつねに進歩しています。病院で働く医師たちは、よりよい治療をするために、つねに勉強をしています。

大きな病院の中には、医師やほかの医療スタッフのために、医療の専門書や論文をそろえた図書館があり、専門の司書が、必要な情報をさがす手伝いをしています。

また、病院によっては医学の論文や書籍をオンラインで読めるサービスを契約していて、医療スタッフは院内のインターネットにアクセスして読むことができます。

仕事のあいまにも、図書館で資料を読み、新しい知識を増やしていく。

医療スタッフ向けの図書館。医師たちがよりよい治療を提供するために、重要な役割をしている。

看護師の一日をみてみよう

病棟で働く看護師の一日をみてみましょう。

患者さんを身近でささえる

看護師が働く時間は、朝から夕方までの「日勤」と、夕方から次の日の朝までの「夜勤」に分かれています。

毎日、一人ひとりの患者さんの健康状態をチェックして記録し、医師の指示にしたがって、点滴や傷の手当などの処置をおこないます。

患者さんのからだをふいたり、食事やトイレの介助をしたりと、身のまわりのお世話も大切な仕事です。ナースコールがあったときは、すぐに患者さんのもとにかけつけます。

看護師。仕事に必要な道具はポケットやポシェットに入れて、持ち歩く。

看護師の仕事道具

PHS
はなれた場所にいる看護師や医師とやりとりするときに使う。ナースコールも受けられるようになっている。

ボールペン
その日にやることや、新しい薬の名前などをメモするときに使う。

はさみ
医療用のテープを切るときに使う。

聴診器
血圧を測定するとき、血管の音をきくために使う。

アルコール
感染症などをふせぐため、患者さんのからだにふれる前と後に、必ず手を消毒する。

駆血帯
検査のために注射器で血液をとるとき、患者さんのうでに巻いて、血管がうきでるようにする。

看護師の一日（日勤）

- **午前 8:00 出勤・引きつぎ**
  その日に担当する患者さんのようすについて、夜勤の看護師から引きつぎを受ける。

- **午前 9:00 回診の補助**
  薬や器具が入ったカートをおして、医師といっしょに病室を回る。

- **午前 10:00 入院患者の受け入れ**
  入院をする患者さんと家族をむかえ、入院中のすごしかたについて説明をする。

- **午前 11:00 昼食の準備・介助**
  自分で食事をとるのがむずかしい患者さんには、スプーンで食事を口に運ぶなど、介助をする。

- **正午 配薬・口の中のケア**
  昼食を下げて薬を配る。自分で歯みがきできない患者さんの、歯みがきをする。

- **午後 1:30 カンファレンス**
  患者さんの状態や業務分担などについて、看護師のあいだで話しあう。

- **午後 2:00 点滴・検温など**
  医師の指示にしたがって、看護をする。

- **午後 4:30 看護記録の作成・引きつぎ**

- **午後 5:00 帰宅**

＊ここに示しているのは一例です。日によって仕事内容やスケジュールは変わります。

スタッフステーションのパソコンで、電子カルテを見ながら患者さんの状態を確認。

自分で移動がむずかしい患者さんの車いすをおす。

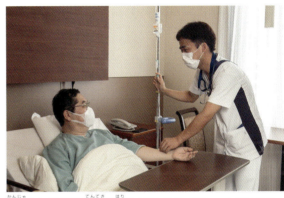

患者さんのうでに点滴の針をさすときは、「ちょっとだけチクッとします」とやさしく声をかける。

よりよい看護をめざして

看護師になるには、大学や短期大学、専門学校で3〜4年間、看護について学び、国家試験に合格しなくてはなりません。

看護師になってからも、さらに「認定看護師」「専門看護師」といった資格をめざして勉強する人も多くいます。認定看護師は、特定の病気について深い知識と看護技術を身につけた看護師の資格で、専門看護師は、場面に応じて、家族や地域と協力し、きめ細やかな看護をおこなえる看護師の資格です。

また、医師にかわって、初期の病気を診察できる「診療看護師」という資格もあります。とくに医師の少ない地域では、診療看護師が活躍しています。

病院で働く人にインタビュー

医師
渡邊 直美さん

 質問 診察のときに気をつけていることは？

　診断結果を患者さんにわかりやすく、ていねいに説明したいと思っています。わたしは子どもを出産するために入院したことがあるのですが、自分が患者さんの立場になってみると、医師に聞きたいことがあっても、えんりょしてしまって聞けませんでした。同じような患者さんはきっと多いと思います。説明するときは、わたしから話すだけでなく、必ず「質問はありませんか？」と患者さんにたずねるようにしています。

 質問 医療の仕事は大変ではありませんか？

　人の命をあずかる医師は責任が大きく、つねに勉強を続けなければなりません。でも患者さんが元気になったり、また仕事に復帰できたりすると、大きなやりがいを感じます。
　今は、子どもを育てている医師が、短時間だけ働ける病院も増えてきています。ぜひやる気のある子は男の子でも女の子でも、この仕事をめざしてほしいです。

 質問 印象に残っているできごとを教えてください。

　重い病気が見つかった患者さんにそれを伝えることや、お別れをすることはつらいです。けれども悲しいだけではない、いろいろな感情を患者さんや家族と分かちあうこともできます。
　以前、初期の肺がんの患者さんを診断し、それから2年間、関わらせてもらったことがあります。今後どんな症状が予想されるか、残された時間がどれくらいあるかを伝えていったところ、その方は治療の合間に旅行に行ったりお孫さんとの時間を楽しんだりされていました。思いのこすことなく時間をすごすことができたようで、病気が進行して、いよいよ残りの時間が短くなったときに、「先生、わたし、がんで死ねて幸せです」と言ってくれたことがわすれられません。

看護師
入戸野 実里さん

質問 どうしてこの仕事についたのですか？

子どものころアトピー性皮膚炎があり、長い間クリニックにひんぱんに通院していました。ほかの子がおしゃれをするようになっても、わたしはそれができず、とてもつらかったです。

そんなとき看護師さんが、「きっとよくなるからだいじょうぶだよ」とやさしく声をかけてくれたり、わたしの話を聞いてくれたりしました。わたしも病気でなやむ人をささえたいと思い、看護師をめざすことにしました。

質問 何人の患者さんを担当していますか？

日勤では7人、夜勤では14人の患者さんを担当します。「この人はこの時間に薬、この人はこの時間に手術の準備」というふうに、一日の流れを組み立てて、次に何をするのか考えながら働いています。とちゅうで、急に患者さんの容態が変わることもあり、頭の中はいつもフル回転です。薬は種類が多く、患者さんの症状もさまざまなので、毎日が勉強です。

質問 仕事をしていてうれしかったことは何ですか？

病気のために言葉を話せなくなってしまった患者さんがいました。その方からナースコールがあったときは、五十音表が書かれたボードを指さしてもらい、どんな手助けを必要としているのか、気持ちを聞きとっていました。しだいによくお願いされることがわかってきたので、「からだの向きを変えましょうか？」「水まくらがほしいですか？」などと、こちらから聞くようにしてみました。その方は、半年後に回復して「病気になって絶望しかなかったけれど、こうしてほしいという気持ちにたくさんこたえてくれたこと、声をかけてくれたことがはげみになっていた」と言ってくれて、うれしかったです。

ささいな声かけやお世話でも患者さんの心をささえることができたのだと、あらためて学んだできごとでした。

病院の中でも勉強できる？

子どもの治療を専門におこなっている小児病棟の中には、子どもが勉強できる学校が用意されていることもあります。

病院の外と同じように学ぶ

埼玉県立小児医療センターの中には、埼玉県立けやき特別支援学校という学校があり、入院中の小・中学生が通っています。

子どもたちは、月曜日から金曜日までの毎朝、病棟から学校に登校します。治療のために、登校がむずかしい子どもに、先生が病室に出向いて授業をすることもあります。

感染症の予防や治療による活動制限のため、学校の外に出ることはできませんが、全国のさまざまな施設とオンラインでつないで、校外学習もおこなっています。

毎年およそ150人の子どもたちがこの学校に入り、退院するまでの間、学んでいます。

小学生の時間割。病院の外の学校と同じように一日5、6時間の授業がある。委員会活動やクラブ活動の時間もある。

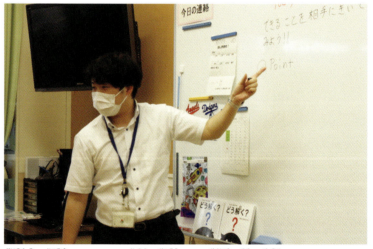
外国語の授業。それぞれの地元の学校での、学習の進み具合にできるだけあわせながら、授業を受けられるように工夫している。

入院しているあいだも、病院の外の学校と同じように勉強しているんだね！

体育館

体育館でおこなう全校集会や行事は、病棟のテレビで放送されるよ。登校できないときでも、学校のようすを知ることができるんだ。

体育の授業では、児童生徒に合わせて用具やルールを工夫しながらいろいろな種目の運動をおこなっている。体育祭も開かれる。

図工室　家庭科室　図書室

図工室や家庭科室、図書室などの特別教室もある。

休み時間はゲームで遊んだり、アイロンビーズで作品をつくったりする、みんなのお楽しみの時間。右の写真は手づくりの「マンカラ」（おはじきゲーム）。

会議では、一人ひとりの子どもの体調や、できることを確認している。病棟のスタッフが加わる会議もある。子どもが退院するときには、地元の学校とオンラインでつないで、話しあうこともある。

入院中も勉強ができたら、退院してからも安心だね。

回復に向けた訓練

病気やけがの治療のあとには、これまでの生活にもどるため、そして、社会のなかで生活していくための訓練「リハビリテーション」をおこないます。

計画にそって進めるリハビリテーション

リハビリテーションは、理学療法士、作業療法士、言語聴覚士といった専門家が、医師や看護師など、ほかの医療スタッフと連携しながら、おこなっていきます。

リハビリテーションには、運動機能や動作能力を回復するための訓練や、日常生活の動作や手芸・工芸に取り組み、心とからだの回復をめざす訓練、言葉を話したり聞いたりする訓練、食べる訓練などがあります。

どの訓練も、患者さん一人ひとりのからだの状態や障害の程度によって、退院後、家での日常生活の動作や、学校や仕事などの活動に困らないように、細かな目標を立てたうえでおこないます。

リハビリテーションが必要な患者さんを専門に診断し治療する「リハビリテーション医」がいる病院や、集中してリハビリテーションを受けることができる「リハビリテーション病院」もあります。

退院したあと、自宅で生活しながら、病院に通ってリハビリテーションを受けることもできるよ。

リハビリテーションをする部屋

理学療法で使う、運動器具などが置いてある。

スポーツジムみたいな運動器具もあるね！

家の中での生活の訓練のために、居間やキッチンも備えられている。

からだのはたらきを回復する理学療法

理学療法は、病気やけがをして体力や筋力が低下した人や、関節がかたくなった人、からだに麻痺が残った人などの、運動機能や動作能力を回復させるためにおこないます。

患者さんの運動機能を見きわめたうえで、かたくなった関節の運動や、体力や筋力の状態に合わせた運動、体そう、寝返る・起き上る・座る・立つ・歩くなどの基本的な動作の練習をおこないます。

つえなどの補助具が必要な患者さんに対しては、その人に合った道具を選び、補助具を使った動作の練習もします。

患者さんが不安になったりつらくなったりしないように、はげましながら、どうしたらうまくからだを動かせるようになるか、アドバイスをします。

理学療法士。子どもから高齢者まで、さまざまなけがや病気でからだの機能が低下した人のリハビリテーションをささえる。

訓練の前にどれくらいひざを曲げることができるのかを測定して、からだの状態を確かめる。

ストレッチをして、かたまった筋肉をのばす。

けがをして、歩くことができなかった患者さんの歩行訓練。たおれないように、横に立ってサポートしながら見守る。

日常生活の動作を訓練する作業療法士

作業療法士は、病気やけがによって手足などの機能が低下した患者さんが、食事やトイレ、着替え、料理などの日常生活の動作をおこなえるように、そして退院後、地域で自分らしく生き生きと生活できるように、いろいろな「作業」を通して患者さんをささえます。

訓練のときには、患者さんの日常生活や仕事で必要となる動作の訓練をおこないます。また趣味や興味関心をもとに、手芸・工芸やゲームなどのレクリエーションも取り入れ、楽しく元気になれるように工夫します。

作業療法士。仕事や家事、趣味、遊びなど、人が日常的におこなうすべての活動の訓練を担当する。

はしを使う練習。患者さんのようすを観察してはげまし、アドバイスしていく。

竹ひごでざるをあむ作業。指先を動かす練習になると同時に、ものをつくる楽しみを味わうことができる。

作業療法に使う道具。左からパズル、折り紙、ペグボード。ペグボードは、穴のあいたボードに棒をさす用具。つまんだり、にぎったりする動作の練習になる。

作業療法士や言語聴覚士のなかには、子どものための施設で働き、コミュニケーションや日常生活の動作に苦手なところがある子をささえる人もいるよ。

言葉によるやりとりをささえる言語聴覚士

言語聴覚士のおもな仕事のひとつは、言葉によるコミュニケーションの訓練「言語療法」です。

病気やけがによって脳が傷つき、言葉が使えなくなった人や、言葉を思い出せなくなった人、声を発することができなくなった人などの訓練を担当します。

耳鼻科のある病院では、生まれつき聴力が弱い子どもや、さまざまな原因で聴力が低下した患者さんの、聞こえを助ける補聴器や、人工内耳の調整をおこないます。

言語聴覚士。コミュニケーション能力や聴力、食べる能力の見立てをおこない、訓練をする。

言語療法に使う絵カード。

脳の病気によって、言葉が出にくくなった人の訓練。絵カードを見せ、「これは何ですか?」とたずねて、こたえてもらう。

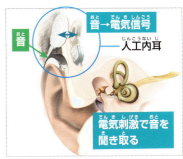

補聴器を使っても言葉の聞き取りが悪い人は、手術をして、写真のような人工内耳を耳のおくにうめこむことで、はっきりと音が聞きとれるようになる。手術後に、機器の調整と聞き取りの訓練をおこなうのも言語聴覚士の仕事。

食べる楽しみもささえる言語聴覚士

病気で麻痺が残ったり、年をとったりして、飲む力、かむ力が弱くなることがあります。飲む力、かむ力が弱いと、むせたり、のどに食事をつまらせたりして肺炎を引き起こしたりするおそれもあります。

言語聴覚士は、こうした患者さんの飲む力、かむ力を回復させる訓練もおこないます。管理栄養士に食事の内容を工夫してもらうように依頼したり、食事を介助するときに注意することを看護師に伝えたりもします。

食事の時間にたずね、患者さんの飲む力、かむ力にあわせて、訓練をおこなう。

退院後の生活に向けて

病院では大きな病気やけがをした患者さんの、退院後の生活の相談にものっています。

不安な気持ちによりそう

大きな病気やけがをした患者さんは、回復して退院できるようになっても、さまざまな悩みをかかえていることがあります。
「また病気が悪くなってしまうのでは」、と心配になる人や、以前と同じようにからだを動かすことができなくなり、今後の生活に不安を感じる人もいます。
病院の相談室にいる看護師は、患者さんや家族の不安な気持ちを聞き、退院後の生活の相談にのってくれます。

病院の相談室。個室で落ち着いて話せるようになっている。中には医療や福祉の情報が掲載された冊子などが置いてある。

治療費や生活費の悩みを軽減

大きな病気をすると、治療にたくさんの費用がかかってしまううえ、退院後もすぐに働くのがむずかしく、生活が苦しくなってしまうことがあります。
そのため、日本には、かかった治療費の一部がもどってくる制度や、生活費の支援を受けられる福祉制度があります。
福祉の専門家である医療ソーシャルワーカーは、患者さんごとに利用できる制度を紹介するほか、支援を受けるための手続きができるよう手助けします。

退院が決まった患者さんから、望む生活や不安を聞きとる看護師。

お父さんが病気で働けなくなってしまったら、どうなるのか心配。相談にのってもらえると心強いね。

相談室で気持ちを聞きとり、こまりごとを解消することで、患者さんは治療に専念することができるんだ。

自宅で安心して生活するために

退院できるようになっても、病気やけがの後遺症がのこり、からだが思うように動かせなくなってしまう人もいます。

看護師や医療ソーシャルワーカーは、本人や家族が、これからどのような生活を送りたいか希望を聞き、それを実現するためにはどのような手助けが必要かを考えます。医師やリハビリを担当するスタッフの意見も聞き、どんな課題があるか確認します。

そのうえで、患者さんをささえてくれる機関や福祉サービスを紹介します。

退院後の患者さんをささえるしくみ

在宅医療
病院まで通院するかわりに自宅に看護師や医師がたずね、診察や治療をおこなう。

介護保険・障害福祉
介護が必要になったときや、障害を負ったときに生活に必要な手助けを受けられるデイサービスなどがある。

就労支援
心身に障害のある人が無理なく働ける職場をしょうかいする。仕事に必要な知識や技術を身につけるためのサポートもする。

患者さんの退院後の生活をささえるために、地域の診療所とやりとりすることも多いよ。地域の医療機関が連携することが大切なんだ。

がん相談支援センター

がんは、さまざまな病気のなかでも、亡くなる人がもっとも多い病気です。日本では、がんの患者がだれでもよりよい医療を受けることができることをめざし、がんの診療に力を入れている病院を「がん診療連携拠点病院」に指定しています。

がん診療連携拠点病院のなかには、「がん相談支援センター」という、がんに関する相談窓口があります。そこには看護師や医療ソーシャルワーカーがいて、だれでも無料で相談することができます。病気や治療のことだけでなく、治療費や生活、仕事のことなど、がんの患者さんと家族の生活全般のさまざまなことについて相談にのっています。

病院の中にはこんな部屋もある！

病院の中では、ふだん患者さんから見えないところでも、たくさんの人が働いています。

病院で働く人はまだまだいる

病院の中にあるのは、診療に関わる部屋だけではありません。たくさんのつくえがならんでいる部屋もあり、そこで働く人は病院を運営するために必要な仕事をしています。

また講演会や会議をおこなう大会議室や、働く人の制服をせんたくする部屋、働く人の子どもをあずかる保育所などもあります。

せんたく室
病院で働く人の制服をせんたくする部屋。専門のスタッフがいて、短時間でしあげてくれる。

ロッカー
病院で働く人はここで着替えてから、それぞれの持ち場に行く。

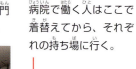

保育所
病院で働く人の子どもをあずかっている。

中会議室

小会議室

当直室
当直の医師はここで待機している。ドクターコールがあると、すぐにかけつける。夜勤の看護師、事務スタッフや警備員が仮眠をとる部屋もある。

職員用エレベーター
手術用のベッドを運ぶことがあるため、奥行きが深いつくりになっている。

事務室
院内外のさまざまなやりとりをおこなう「総務」、病院で使うものの注文や整理、修理などを担当する「管理」、お金をあつかう「経理」、働く人の給料や契約書を管理する「人事」などのつくえがある。

看護部長室

院長室

病院では、効率や衛生面を考えて、いくつものエレベーターがある。手術準備室専用のものや、薬局専用のもの、食事の運搬専用のものなど、用途ごとに分けられているよ。

図書館（→51ページ）

大会議室
大きな会議をしたり、人を集めて講演会を開いたりするときに使う。使っていないときは、職員がここで昼食をとることもある。

医局
医師が事務作業をおこなう部屋。個室とたくさんのつくえがならぶ、大きな部屋がある。

お医者さんはいつも診察室にいるわけではないんだね。

2章・病院をもっと知ろう！

65

お見舞いに行くときの注意

病院では外から感染症が持ちこまれたり、治療がさまたげられたりしないように、お見舞いのときのルールを決めています。

注意1 体調が悪いときは行かない

病院に入院している患者さんは、体力が落ちているため、感染症にかかりやすかったり、重症になりやすかったりします。お見舞いに行く前にかならず検温をして、熱が高いときはお見舞いに行くのをやめましょう。また病院の入口ではアルコール消毒をしましょう。

 感染症にかかりやすい子どもは病院に入れなかったり、お見舞いに行ける人数が決まっていたりすることがある。前もって病院のホームページで確認しよう。

注意2 手みやげに注意

病気によっては、治療のために食べられないものがある人がいます。おみやげに食べ物を持っていっても、食べられないことがあるので注意しましょう。また生花も菌がついていて、感染症の原因になることから、持ちこみを禁止している病院が多くなっています。

注意3 携帯電話・スマートフォンの使い方

病院内には携帯電話・スマートフォンから出る電磁波の影響を受けやすい医療機器があります。病院内で携帯電話やスマートフォンを使うと、医療機器が正常に動かなくなってしまうことがあり、危険です。話し声も、患者さんの迷惑になるので、決められた場所以外で使うのはやめましょう。

注意4 走ったりさわいだりしない

大きな声を出すと、静かに休みたい患者さんの迷惑になります。また、動き回って人にぶつかったり、医療機器をたおしたりすると、事故や治療のさまたげになることがあるので絶対にやめましょう。

いつでもどこでも つながる病院

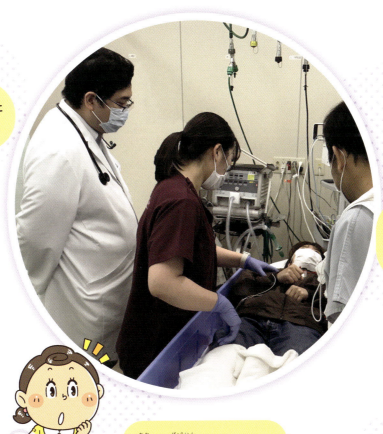

急に大けがをしてしまったら、どうなるのかな？

近くに病院がなかったら？

心配ご無用。次のページからみていこう！

とつぜん事故にあった！ どうなる？

急なけがや病気をしたとき、119番に電話をかけると、消防署から救急車が出動します。消防署の救急救命士と病院が協力して、命を守ります。

患者さんを運ぶ救急隊

思わぬ事故でけがをした……、とつぜん家族がたおれてしまった……。そんなときは、まず119番に電話をします。各都道府県の消防署をとりまとめる通信指令センターにつながり、そこから近くの消防署に救急車の出動を要請します。

救急車には3人の救急隊員がのりこみます。救急隊員のなかには「救急救命士」という資格をもつ隊員がいて、生命の危機が予測される場合に、点滴や気管挿管、薬物投与などの救急処置を医師の指示にしたがっておこないます。その間、別の救急隊員が患者さんを受け入れられる病院をさがします。

通報を受けて出動する救急車。119番通報から平均約10分で現場に到着する。

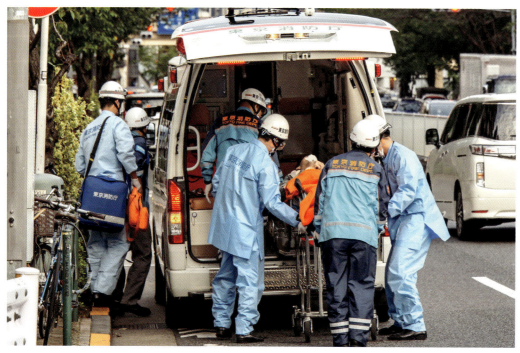

患者さんをストレッチャーにのせて、救急車に運びこむ。

1分1秒をあらそう救命

　救急隊員から連絡を受けた病院は、患者さんのようすを聞き、受け入れの準備をします。命の危険がせまっているときは、医師が救急救命士に応急処置の指導をすることもあります。特に重症と判断された患者さんは、高度な救急医療が受けられる救命救急センターに搬送されます。

　救命救急センターの医師や看護師は救急隊員から患者さんを引きつぐと、ただちに診療をはじめます。症状によっては、診療放射線技師や薬剤師、臨床工学技士といった職種の人が、救命チームに加わることもあります。

　大きなけがや病気の場合には、1分でも早い処置が必要で、緊急で手術をすることもあります。救命救急センターでは、いつ患者さんが運ばれても受け入れられるように、交替で勤務し、24時間いつでも対応できるようにしています。

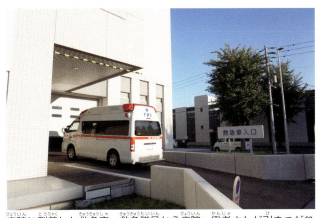
病院に到着した救急車。救急隊員から病院へ患者さんが引きつがれる。

むずかしい手術の場合は、救急担当の医師だけでなく、専門の医師も手術のためにかけつける。

出血が多い人や、心臓が止まった状態で運ばれてくる人もいる。だけど、けんめいの処置によって、命が助かることがあるんだ。

まさに命のとりでだね。

とても責任の大きな仕事だね。

災害現場にかけつける

大きな災害や事故があったとき、医師や看護師が直接、現場にかけつけることがあります。

災害のために訓練されたチーム

大地震や台風などの災害が起こると、大勢の負傷者が出ます。病院のなかには、都道府県から「災害拠点病院」という指定を受けているところがあります。災害拠点病院には、「DMAT（災害派遣医療チーム）」とよばれ、被災地で救護活動などをおこなうチームがあります。

DMATは医師1人、看護師2人、業務調整員（病院に勤務する薬剤師や臨床工学技士、救急救命士、診療放射線技師、理学療法士、事務職員など）からなり、災害発生から48時間以内に被災地で活動できるよう、訓練されています。2024年1月1日に能登半島地震が発生したときは、1,000隊を超えるDMATが全国から現地にかけつけました。

静岡県から要請を受け、能登半島地震の被災地へ医療支援のために派遣されたDMAT隊員。患者さんを被災地の外の病院に搬送するときは、病院がもっている救急車が活用される。

DMATの役割

DMATチームが出動するときにのりこむDMATカー。医療機器のほかテレビ、無線、電話がつまれ、救急活動や情報収集をスムーズにおこなうことができる。

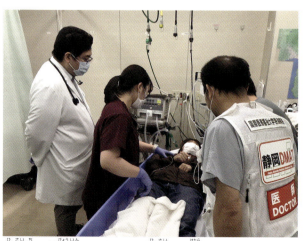

被災地では病院のスタッフも被災し、働けないことがある。DMAT隊員は現地の病院長の指示にしたがって、診療を手伝う。

空から現場にかけつける

大災害のときには、地震や土砂くずれによって道路がふさがってしまい、救急車が被災地に入れないこともあります。そんなときに活躍するのがドクターヘリです。

ドクターヘリは、救急医療に必要な機器や医薬品がつまれたヘリコプターです。消防署からの出動要請を受けると、病院から医師や看護師をのせて、負傷者のいる現場に飛んでいきます。

ドクターヘリの操縦はパイロットがおこない、ヘリコプターの点検をする整備士が必ずのりこむよ。人命救助のためには、まずドクターヘリの安全が大切だからね。

ドクターヘリ。災害時だけでなく、病院が不足している地域で急病の患者さんが出たときにも、搬送する役目がある。
写真提供：セントラルヘリコプターサービス株式会社

DMAT隊員は災害拠点病院などで働き、養成研修を受けた人たち。ドクターヘリにのる医師、看護師は、救急の現場で経験をつみ、専門の研修を受けた人だよ。災害時には、DMATとドクターヘリが協力して、医療支援にあたるよ。

国境を超えて働く医療スタッフ

世界には病院や診療所がないところや、戦争、紛争によって、負傷者が絶えない国・地域があります。

日本の医師、看護師のなかには国際支援団体を通じて、そうした国にわたり、命を救うために活動している人もいます。

パレスチナ・ガザ地区で医療援助をおこなう国境なき医師団の医師。
写真提供：国境なき医師団

71

近くに病院がなかったら

近くに病院がない地域でも、オンラインで診療できるしくみが広がっています。

オンラインで医師とつなぐ

　日本のなかでも、専門的な治療を提供できる病院がない地域があります。こうした地域で急病の患者さんが出たときには、消防本部からの要請を受け、ドクターヘリ（→71ページ）が患者さんのもとに出動することがあります。

　また、軽い症状であれば、患者さんとはなれた病院にいる医師がオンラインでつながって診察をする、「オンライン診療」もおこなわれるようになっています。

　オンライン診療は2020年以降、新型コロナウイルスの大流行を受けて広がりました。患者さんの間でウイルスが広がるのをふせげる利点もあります。

オンライン診療は、病院まで行き来する時間や待つ時間がかからないのもいいね。診療所でも取り入れているところがあるよ。ただし病状が重いときは、直接医師と対面して診断を受けるのが確実だ。

オンライン診療のながれ

オンライン診療をしている病院のサイトから、診察の予約をとる。オンラインの問診票にも記入する。

❶スマートフォンやパソコンの画面ごしに医師と話して、症状を伝える。医師は問診票や患者さんから聞き取った内容をもとに診断をする。
❷オンラインで医療費を支払うと、薬か処方せんが自宅に送られてくる。
❸処方せんが送られてきた場合は、近くの薬局に持っていき、薬を受け取る。

自宅で検査してデータを送る

オンライン診療では病院に行く場合とちがって、検査が受けられないという短所があります。しかし、近年では通信機能のついた小型の測定器を利用して、自宅で心臓の動きなどを測定することもできるようになっています。結果を、はなれたところにいる医師がオンライン上で確認し、診断をすることもできるようになっています。

病院から通信機能のついた小型の医療機器を借りて自分で心臓の動きなどを測定する。

測定結果を見ることで、医師は患者さんのからだの状態を、よりくわしく知ることができる。

はなれたところから手術を支援

むずかしい病気の患者さんの手術を確実に成功させるためには、その病気についての専門的な知識と経験をもつ医師の力が欠かせません。しかし、そうした医師がいる病院はかぎられています。そこで、手術室を経験豊富な専門医とオンラインでつなぎ、指導を受けながら、手術を進める取り組みもはじまっています。

また手術支援ロボット（→46ページ）を用いて、はなれた病院にいる医師と手術室にいる担当の医師が共同で、手術をおこなうこともできるようになっています。

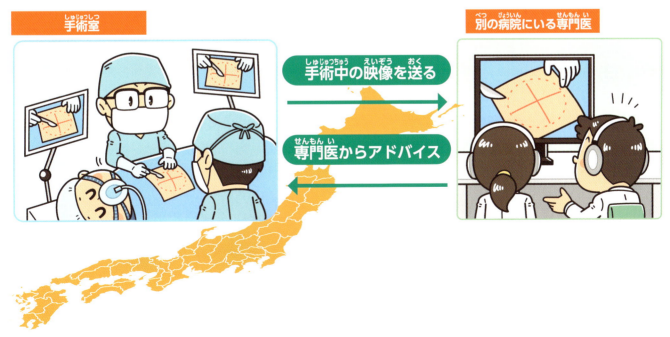

医療によって救われた命

病院で働く人たちの努力によって、日本は世界でも長生きの国となっています。

世界にほこる日本の医療

生まれたばかりの子どもが、平均して何歳まで生きられるかを表す年齢を「平均寿命」といいます。

2021（令和3年）年の日本人の平均寿命は、男性が81.71歳、女性が87.16歳で、男女あわせると約84.5歳となっています。日本は世界のなかでもとくに平均寿命が長い国なのです。

世界の国をみると、5歳になる前に、命を落とす子どもも少なくありません。しかし、日本では小さな子どもの死亡数は医療の進歩とともに減少し、現在はほかの国にくらべてもさく少なくなっています。

これは医療にたずさわる人たちの努力と、じゅうじつした医療保険制度のおかげといえます。

おもな国別の平均寿命（2021年）

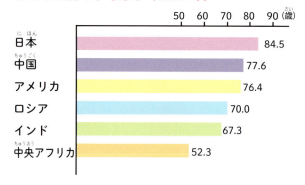

日本	84.5
中国	77.6
アメリカ	76.4
ロシア	70.0
インド	67.3
中央アフリカ	52.3

＊出典 「世界国勢図会 2024/25」（公益財団法人 矢野恒太記念会）

おもな国別にみた 5歳未満の子ども、1,000人あたりの死亡数（2022年）

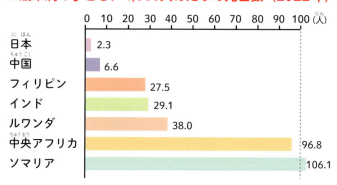

日本	2.3
中国	6.6
フィリピン	27.5
インド	29.1
ルワンダ	38.0
中央アフリカ	96.8
ソマリア	106.1

＊出典 「世界国勢図会 2024/25」（公益財団法人 矢野恒太記念会）

母子健康手帳

妊娠した女性が検診を受けると、市区町村から「母子健康手帳」がわたされます。母子健康手帳は、母親の妊娠中や出産のときの状態、生まれたあとの子どもの健康状態を記録していくものです。子どもが病気になったときに、医師が母子健康手帳を見ると、すみやかに、その子にあった治療をすることができます。

母子健康手帳は日本で初めてつくられたもので、子どもの死亡率の低下に大きく役立ったといわれています。これにならって現在では、母子健康手帳を取り入れている国がほかにもあります。

※母子健康手帳のデザインは、地域によってちがいます。

健康で長生きしよう！

医療の進歩により平均寿命はのびました。けれども高齢者のなかには何らかの病気にかかっている人、または年をとって、からだの機能がおとろえ、日常生活に不便を感じている人も少なくありません。

平均寿命に対して、介護を必要とせず、日常生活にこまらずすごせる期間の平均を「健康寿命」といいます。健康寿命と平均寿命をくらべると、男女ともに健康寿命のほうが10年程度短くなっています。

これからは平均寿命だけでなく、健康寿命をのばしていくことが課題です。そのためには病気になったときに病院にかかるだけでなく、わたしたち一人ひとりが生活習慣に気をつけたり、日ごろから健康に気を配ったりすることが大切です。

日本人の平均寿命と健康寿命の比較（2019年）

女性	平均寿命	87.45
	健康寿命	75.38
男性	平均寿命	81.41
	健康寿命	72.68

約12年（女性）　約9年（男性）

＊出典「平均寿命と健康寿命の推移」（厚生労働省）

↔の間は、日常生活で不便を感じているということになるよ。

健康で長生きがいちばんだよね。

健康のためにできること

大きなけがや病気をふせぐために、ふだんからできることがあります。

🩺 栄養バランスのよい食事をとる

食べ物にはたくさんの栄養がふくまれています。どんな食べ物でも好ききらいせず、バランスよく食べると、からだがじょうぶになり、けがや病気をしにくくなります。反対に、さとうや油、塩分の多い食事を続けていると、生活習慣病になることもあります。栄養バランスのとれた食生活を送るようにしましょう。

🩺 十分なすいみん

すいみん時間が少ないと、からだのつかれがとれず、体力が落ちて、病気にかかりやすくなってしまいます。いそがしいときでも毎日しっかりとねむるようにしましょう。

ふとんに入る直前までゲームをしたり、スマートフォンを見ていたりすると、脳が興奮して、なかなか寝つけなくなってしまいます。ふとんに入る数時間前からは、使うのをやめましょう。

少しぬるめのおふろにゆっくりとつかると、からだのリズムが整って、寝つきがよくなるよ。

運動をする

運動をすると、骨や筋肉がじょうぶになり、けがをしにくくなります。また血液の流れがよくなったり、病気の原因となる脂肪がつきにくくなったりと、健康によいことがたくさんあります。

ただし、夏の日中は気温が高く熱中症になりやすいので、無理に運動するのはやめましょう。

手洗いとうがい

新型コロナウイルス感染症やインフルエンザなど、感染症とよばれる病気は、目にみえない小さな菌やウイルスがからだの中に入ることでかかります。石けんを使ってよく手を洗い、しっかりとうがいをすると、からだの中に菌やウイルスをとりこむのをふせぐことができます。感染症が流行っているときは、とくにこまめに手洗い、うがいをするようにしましょう。

かかりつけ医を見つける

家から近い診療所や病院で、不調を感じたときにかかる医師を決めておきましょう。かかりやすい病気や日ごろの生活のようすを知っている医師なら、万が一大きな病気にかかったときも、すぐに気づいて、的確なアドバイスをくれます。専門的な治療が必要なときは、ふさわしい病院を紹介してもらうこともできます。

いつも行くお医者さんを決めておくといいんだね。

お父さんやお母さんにも教えてあげよう！

あ

ICU（集中治療室）……………17,48,49
安全キャビネット…………………… 32
医局 ………………………………51,65
医師 ‥14,15,18,23,43,44,45,50,51,54
医師事務作業補助者 ……………… 24
医療機器メーカー ………………… 34
医療事務 …………………………24,43
医療ソーシャルワーカー …… 42,62,63
医療費 ……………………………20,24
医療保険制度 ……………………20,74
X線検査 …………………………… 28
NICU ……………………………… 49
MRI検査 ………………………… 29
お薬手帳 …………………………32,33
お見舞い …………………………… 66
オンライン診療 …………………72,73

か

会計 ………………………………30,31
回診 ………………………………38,50
かかりつけ医 ……………………… 77
がん ………………………………47,63
看護師 ……………………43,48,52,53,55
がん診療連携拠点病院 …………… 63
カンファレンス …………………50,53
管理栄養士 ……………………40,41,43
器械出し …………………………… 45
救急車 ……………………………68,70
救命救急センター ………………… 69

救急救命士 ………………………68,69
駆血帯 ……………………………… 52
血液 ………………………………22,27,34
血液センター ……………………… 34
健康寿命 …………………………… 75
言語聴覚士 ………………………43,61
検体検査 …………………………… 27
献立 ………………………………… 40

さ

災害拠点病院 ……………………… 70
作業療法士 ………………………43,60
産婦人科 …………………………19,49
CT検査 …………………………… 29
視能訓練士 ………………………… 27
死亡原因 …………………………… 47
事務室 ……………………………… 65
手術 ………………………44,45,46,47,73
手術支援ロボット ………………… 46
循環器内科 ………………………… 19
紹介状(診療情報提供書) ………… 15
消化器内科 ………………………… 19
小児病棟 …………………………… 56
食札 ………………………………… 41
処方箋 ……………………………31,32
人工呼吸器 ………………………… 49
人工心肺装置 ……………………… 49
人工内耳 …………………………… 61
診察券 ……………………………20,31
診察室 ……………………………… 22
心電図 ……………………………26,44
診療所 ……………………………14,15,16,17

診療放射線技師 …………… 24,28,29,42
診療明細書 …………………………… 31
スタッフステーション …………… 36,37
整形外科 ……………………………… 18,23
製薬会社 ……………………………… 34
生理機能検査 ………………………… 26
せんたく室 ………………………… 36,37,64
相談室 ………………………………… 62
外回り ………………………………… 45

た

大学附属病院 ………………………… 16
地域医療支援病院 ………………… 16,17
超音波検査 …………………………… 26
聴診器 ………………………………… 52
調理師 ………………………………… 40
通訳 …………………………………… 30
DMAT ………………………………… 70
電子カルテ ……………………… 24,25,50,51
当直室 ………………………………… 64
ドクターコール ……………………… 51
ドクターヘリ ………………………… 71
特定機能病院 ……………………… 16,17
図書館 ………………………………… 51

な

ナースコール(ボタン) …………… 36,37
脳神経内科 …………………………… 19
脳波測定 ……………………………… 26

は

肺機能検査 …………………………… 26
ハイブリッド手術 …………………… 47
PHS …………………………………… 50,52
病室 …………………………………… 36,37
皮膚科 ………………………………… 18
平均寿命 ……………………………… 74,75
保育器 ………………………………… 49
放射線 ……………………………… 28,29,47
保険証 ………………………………… 20
母子健康手帳 ………………………… 74

ま

麻酔科医 ……………………………… 44,45
メス …………………………………… 45
問診票 ………………………………… 21,72

や

薬剤師 …………………………… 24,32,33,43
薬局 …………………………………… 25,31,32

ら

理学療法士 ………………………… 43,58,59
リハビリテーション ………………… 58
リハビリテーション医 ……………… 58
臨床検査技師 …………………… 26,27,42
臨床工学技士 ………………………… 45,49
臨床心理士 …………………………… 42

監修　梅澤 真一（うめざわ しんいち）

植草学園大学 発達教育学部教授。元筑波大学附属小学校社会科教育研究部教諭。日本社会科教育学会、全国社会科教育学会、日本地理教育学会所属。東京書籍『新編 新しい社会』教科書編集委員。著書に『梅澤真一の「深い学び」をつくる社会科授業 5年』（東洋館出版社）、編著に『必備！ 社会科の定番授業 小学校4年』（学事出版）、監修に『小学総合的研究 わかる社会』（旺文社）、『読んでおきたい偉人伝 小学3・4年』（成美堂出版）、『びっくり探県！ まるごとわかる神奈川の図鑑』（KADOKAWA）、『浄水場・下水処理場図鑑』『清掃工場・リサイクル施設図鑑』『消防署図鑑』『警察署図鑑』（金の星社）など。

本文イラスト・漫画	いわた まさよし
イラスト	是村 ゆかり
原稿執筆	野口 和恵
表紙デザイン	グラフィオ
デザイン	ニシ工芸 株式会社（板垣 敏絵）、グラフィオ
編集協力	ニシ工芸 株式会社（大石 さえ子、高瀬 和也）
取材協力	国際医療福祉大学三田病院、埼玉県立けやき特別支援学校

写真提供・協力（五十音順）

今福 克／医療法人財団順和会 山王病院／国境なき医師団／国際医療福祉大学熱海病院／国際医療福祉大学 東京赤坂キャンパス／国際医療福祉大学三田病院／セントラルヘリコプターサービス／PIXTA

参考文献

「よくわかる病院 役割・設備からはたらく人たちまで」梶 葉子（PHP研究所）
「しごと場見学！ 病院で働く人たち しごとの現場としくみがわかる！」浅野 恵子（ぺりかん社）
「ドクターヘリの秘密 空飛ぶ救命救急室」和氣 晃司（彩流社）
「いのちを救いたい 救急救命24時　①密着！ 救命救急センター」風讃社／編（汐文社）
「医師の一日」WILLこども知育研究所（保育社）
「看護師の一日」WILLこども知育研究所（保育社）
「管理栄養士の一日」WILLこども知育研究所（保育社）
「薬剤師の一日」WILLこども知育研究所（保育社）
「理学療法士の一日」WILLこども知育研究所（保育社）
「臨床検査技師の一日」WILLこども知育研究所（保育社）
「作業療法士の一日」WILLこども知育研究所（保育社）
「臨床工学技士の一日」WILLこども知育研究所（保育社）
「診療放射線技師の一日」WILLこども知育研究所（保育社）
「言語聴覚士の一日」WILLこども知育研究所（保育社）

病院図鑑
2024年12月　初版発行

監修／梅澤 真一

発行所／株式会社 金の星社
〒111-0056　東京都台東区小島1-4-3
電話／03-3861-1861（代表）
FAX／03-3861-1507
振替／00100-0-64678
ホームページ／https://www.kinnohoshi.co.jp

印刷／広研印刷 株式会社
製本／株式会社 難波製本

NDC360　80P.　28.7cm　ISBN978-4-323-07555-6
©Masayoshi Iwata,Nishikougei,2024
Published by KIN-NO-HOSHI SHA,Tokyo,Japan
乱丁落丁本は、ご面倒ですが、小社販売部宛にご送付ください。
送料小社負担にてお取りかえいたします。

JCOPY　出版者著作権管理機構 委託出版物

本書の無断複写は著作権法上での例外を除き禁じられています。
複写される場合は、そのつど事前に、出版者著作権管理機構
（電話 03-5244-5088、FAX 03-5244-5089、e-mail: info@jcopy.or.jp）の許諾を得てください。
※本書を代行業者等の第三者に依頼してスキャンやデジタル化することは、
たとえ個人や家庭内での利用でも著作権法違反です。

よりよい本づくりをめざして

お客様のご意見・ご感想をうかがいたく、
読者アンケートにご協力ください。
ご希望の方にはバースデーカードを
お届けいたします。

＼＼ アンケートご入力画面はこちら！ ／／

https://www.kinnohoshi.co.jp

調べ学習におすすめの図鑑！

　多くの小学校が社会科見学や調べ学習で訪れる「清掃工場・リサイクル施設」、「浄水場・下水処理場」、「消防署」などの施設について、概要や作業工程、仕事の様子などをくわしく紹介。それぞれの施設で撮影した写真をたっぷり盛りこみ、マンガやイラストも使って楽しく構成しました。

　社会科見学に行く前の事前学習や、見学後の新聞づくりなどにも役立つ内容です！

『病院図鑑』
NDC360
梅澤 真一　監修

『図書館図鑑』
NDC317
小田 光宏　監修

『警察署図鑑』
NDC317
梅澤 真一　監修

調べ学習に役立つ
ワークシートを各図鑑に収録！
A4変型判　各80ページ
図書館用堅牢製本

『消防署図鑑』
NDC317
梅澤 真一　監修

『浄水場・
下水処理場図鑑』
NDC360
梅澤 真一　監修

『清掃工場・
リサイクル施設図鑑』
NDC360
梅澤 真一　監修

健康について調べよう

名前	年　　　組
	年　月　日

生活リズム記入シート

> 健康をたもつための「食事」「すいみん」「運動」「手洗い・うがい」について一週間、できているところには、○をつけましよう。

		月	火	水	木	金	土	日
食事	朝・昼・夕と1日3回規則正しく食べた							
食事	野菜や肉やごはんなど、いろいろなものを組み合わせて食べた							
食事	おやつを食べるときは、内容や量を考えて食べた							
すいみん	早寝、早起きした							
すいみん	ぐっすりねむれた（9時間以上がめやす）							
運動	体育の授業のほかに、息がはずむくらいの運動・スポーツをした							
運動	外へ出てあそんだ							
運動	体を動かすゲームをした							
手洗い・うがい	外出から帰ったときに手洗い・うがいをした							

※けがや病気をふせぐために、○が少ないところは、右ページで目標をたてて努力しよう！